享受一個輕巧自在的
悠哉小旅行

ことりっぷ co-Trip
小伴旅

札幌・小樽
二世古・旭山動物園

讓我陪你去旅行
一起遊玩好EASY～

走♪我們出發吧

抵達札幌・小樽後⋯

終於到札幌了。

那麼，接下來要做什麼呢？

抵達札幌後，就馬上外出探險吧！
美麗的街角能感受到開拓時代的風情，
往近郊走還能享受豐沛的綠意和溫泉。

從札幌站到大通公園的沿路上，有市政廳和時計台等諸多景點。可邊享受購物和美食，邊造訪人氣景點。創成川的東側「創成川EAST」和市區西邊的圓山，有許多個性風格的店家等，是目前很受矚目的區域。

大通公園的花壇隨時都修整得很漂亮，可欣賞四季不同的花卉。☞ P.24

check list

- ☐ 在大通公園享受都心綠意 ☞ P.24
- ☐ 於創成川EAST發現更有深度的札幌 ☞ P.30
- ☐ 到圓山造訪能量景點 ☞ P.70
- ☐ 於定山溪溫泉放鬆身心 ☞ P.78
- ☐ 在小樽運河體驗玻璃工藝 ☞ P.94
- ☐ 到旭山動物園觀察可愛的動物 ☞ P.114
- ☐
- ☐
- ☐

小樽運河不論任何時間、任何季節都美得像幅畫。☞ P.90

定山溪溫泉離札幌不到1小時的車程。有很多以女性為導向的住宿飯店也是特色之一。☞ P.78

旭山動物園的動物們總是元氣十足。☞ P.114

可在札幌藝術之森怡然自得地悠閒度過。☞ P.77

抵達札幌・小樽後…

要吃點什麼呢？

熱門的壽司與新鮮度滿分的海膽和花枝。
道地的湯咖哩和拉麵，吃來別有一番風味。
在聚集全北海道美味食物的札幌享受美食時光。

若想大啖新鮮的魚貝，推薦氣氛輕鬆的迴轉壽司。發源自札幌的湯咖哩，有許多專賣店在口味上相互競爭。在

食材豐富的札幌，時尚又美味的法國菜和甜點的選擇性也很充實。何妨來趟品嘗各式美食之下的觀光旅遊呢。

成吉思汗烤肉沒有腥羶味、肉質柔嫩，與啤酒很對味。
🔎 P.54、56

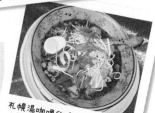

札幌湯咖哩的多樣化的口味讓人驚艷。🔎 P.58

check list

- ☐ 首選壽司和海鮮
  🔎 P.42・44・46・48・50
- ☐ 鮮嫩多汁的成吉思汗烤肉和啤酒 🔎 P.54・56
- ☐ 在時麾的咖啡店裡小憩 🔎 P.66・67
- ☐ 話題拉麵店 🔎 P.52
- ☐ 至少品嘗一次道地的湯咖哩 🔎 P.58
- ☐ 到街角的咖啡廳享受甜點 🔎 P.64

要買些什麼呢？

人氣很高的當地甜點。
買海產或加工品給家人應該會很開心。
送給自己的話就選可愛的手工藝品吧！

「名產即美食」正是北海道的代名詞。白色戀人、Royce'的巧克力，不論誰收到都一定會開心。每年票選的「札幌甜點」也不可

錯過。要寄給家人或親友的生鮮品或海產加工品可用宅配。還可到札幌的街角或小樽挑選送給自己的漂亮手工藝品。

榮獲札幌甜點2013點心禮盒獎項的大通公園大豆餅乾。
🔎 P.65

極盡奢華的北之珠寶盒。🔎 P.133

check list

- ☐ 到市場選購海產送人 🔎 P.38
- ☐ 也別忘了札幌甜點的點心禮盒 🔎 P.65
- ☐
- ☐ 時尚札幌Style的手工藝品 🔎 P.36
- ☐ 只有小樽才買得到的玻璃工藝品 🔎 P.94

到札幌、小樽玩3天2夜

到了札幌，不可錯過時計台等熱門觀光地以及私房景點創成川EAST。
在小樽漫步運河和參觀玻璃工藝後，前往享用新鮮的壽司。
第3天可選擇到高原度假勝地的二世古，或是讓人心情愉悅的旭山動物園。

第1天

10:00
札幌站
從新千歲機場搭
JR到札幌站需36分。
前往今天的下榻地——與札
幌站直接連結的JR TOWER
日航大飯店札幌。寄放行李
後，就可馬上出門遊逛。

顧舍內的商店有嘉吉祥物ドーチ
ょくん的相關商品。

10:30
北海道廳舊本廳舍
的前庭草木蔥鬱，
是拍攝紀念照的推
薦取景點。
🏷 P.14

11:20
札幌市時計台
位於高樓建築群間，
所以看起來顯得小
巧，但內部卻出乎意
料地寬敞。🏷 P.15

看到玉米攤車就忍不住
跑去吃吃

13:30
大通公園
午餐後到大通公園，邊散
步邊欣賞花壇、噴泉和雕
刻。🏷 P.24

12:00
**オーガニックレストラン
デュランデル**
午餐就到大通BISSE內
的時尚餐廳享用。
🏷 P.29

15:00
さっぽろスイーツカフェ
到極光城地下街喝下午茶。品
嘗今年入選的札幌甜點，或是
買些餅乾當伴手禮。🏷 P.64

16:30
創成川公園
從地下街往東走就是創成川EAST。（🏷
P.30）天氣好的話可沿著河畔邊散步。若要買
生鮮品，可到二條市場。螃蟹、鮭
魚卵和水產加工品等，每家店都會
提供宅配服務。🏷 P.38

擬定計劃的訣竅

抵達札幌後就馬上寄放
行李，外出散步遊逛。
若天氣好就走地面上，
若看似會下雨就走地下
街。靈活運用市電、地
下鐵和巴士等交通工
具。

19:00
ビストロ ルプラ
在充滿大人氛圍的小酒
館，享用葡萄酒和單品
料理。🏷 P.69

22:00
**JR TOWER
日航大飯店札幌**
在可俯瞰夜景的SPA，舒緩
旅途的疲憊。🏷 P.40

第2天

9:00

札幌站
JR札幌站出發前往小樽。朝行進方向的右手邊可看到大海。

10:00

小樽站
將行李寄放在JR小樽站的投幣寄物櫃,即可一身輕裝展開行程。

10:30

鯡魚御殿小樽貴賓館
從小樽站前搭巴士約20分,下車後步行5分即到。可進到被稱為是美術豪宅的舊青山別邸內參觀拉門畫和家具擺飾。附設的貴賓館內還可用餐或喝茶。 ⤵ P.106

12:00

搭巴士前往堺町通。若想大啖新鮮美味的壽司,就選擇壽司屋通上的店家吧。 ⤵ P.98

每家壽司的份量都很大、鮮度滿分,好好吃喔~。

13:30

從堺町通沿著運河一帶,店家比鄰而立。有玻璃工藝、雜貨、甜點、海產等店家,每家都逛的話會花上不少時間。

大正硝子館
可參加體驗課程挑戰玻璃工藝! ⤵ P.92

LeTAO PATHOS
LeTAO的店鋪有很多,但「PATHOS」同時附設了咖啡廳和烘焙坊,是LeTAO規模最大的店面。能買到濃郁蜂蜜味道的Doux Miel。 ⤵ P.93

16:00

北一HALL
在以煤油燈營造出浪漫氛圍的店內享受午茶時光。
⤵ P.97

到小樽旅亭藏群　若第3天要前往二世古,就選擇在小樽留宿。

若第3天要到旭山動物園,可先返回札幌住在定山溪。

擬定計劃的訣竅

若最後還要回到車站,則建議將小樽運河的觀光放在後面。先去水族館、鯡魚御殿等景點,回程時再到運河周邊好好享受購物,最後返回車站。

17:30

返回小樽站領取行李,搭計程車前往今晚的住宿地——藏群。 ⤵ P.108

從小樽站搭JR回到札幌。於札幌站前搭巴士前往定山溫泉,約2小時即抵達飯店Check in。今晚的下榻飯店是很受女性喜愛的定山溪鶴雅リゾートスパ森の謌。
⤵ P.79

前往定山溪鶴雅リゾートスパ森の謌

18:30

第3天

前往二世古

9:00

小樽站

搭JR前往俱知安。

10:00

俱知安站

到二世古的火車和巴士班次較少,所以推薦開車遊玩。俱知安是這一帶最大的城鎮,在站前租車來趟二世古兜風之旅吧! P.120

雄偉山形的羊蹄山很漂亮,怎麼拍都美。

11:00

二世古騎馬村

在綠意間體驗騎馬樂趣。經過1小時的健行,即可與馬兒培養出良好默契。 P.121

12:30

在**手づくりハム ソーセージ&レストラン エフエフ**享用以備受好評的香腸為主菜的午餐。 P.123

14:30

二世古牛奶工房

買份新鮮牛奶製成的甜點可在點心時間當零食,或採購點心伴手禮。推薦商品為轉售的酥脆雪餅。 P.121

13:30

fan fun 羅列著可愛原創皮革小物的店家。在這裡還能體驗DIY製作皮革小物,所需時間20分~。 P.121

各條項圈綁在寂靜明的狗狗吧?

15:00

二世古希爾頓度假村

來到二世古當然不可錯過泡溫泉。 P.124

擬定計劃的訣竅

要在腹地廣大的二世古地區觀光,建議開車較方便自由移動。到新千歲機場需2小時的車程,將航班時間往前推算規劃出悠閒的旅遊行程。

從露天浴池眺望的羊蹄山景色美不勝收。泡個天然溫泉讓肌膚恢復光滑彈嫩。

18:00

在機場可看到人氣的Royce' Pop Chocolate。

新千歲機場 從二世古開車過來需2小時,可在新千歲機場還車。上飛機前還有時間到機場內尋寶,再買些伴手禮。 P.130

第3天
前往旭山
動物園

8:30

超可愛的車廂，
讓人忍不住
驚心大叫。

札幌站 搭乘JR的人氣「旭山動物園號」前往旭川。

11:10

旭山動物園

從旭川站前搭巴士到旭山動物園。將行李寄放在寄物櫃後，再出發去尋找動物吧！ P.114

先確認好「餵食秀時間」，觀察動物們的生態。

好奇心旺盛的
海豹常會游經
圓柱型水槽。

企鵝們的
可愛動作
令人著迷。

13:00

モグモグテラス

提早或延後以避開午餐尖峰時間的人潮。不想浪費時間的人，也可買便當外帶。 P.118

在パン小屋
吃得到剛烤好的麵包喔。

來份甜點吧？
包裝可愛的
お昼ねプリン 1個300日圓 P.118

擬定計劃的訣竅

旭山動物園於週六、日和盂蘭盆節期間的遊客都很多。若將排隊等候的時間等也考慮進去，大概需要4~5小時。可選擇利用旭川機場，行程安排上較有效率。

15:30

有各式各樣的伴手禮可挑選。與旭山動物園有淵源的繪本作家——阿部弘士的插畫商品相當可愛。 P.119
阿部弘士的原創
托特包 1050日圓
阿部弘士吊飾　550日圓

17:00

旭川機場

從動物園搭巴士到旭川機場需35分，從這裡搭機返回羽田機場。可在機場的商店購買旭川的甜點。

CONTENTS

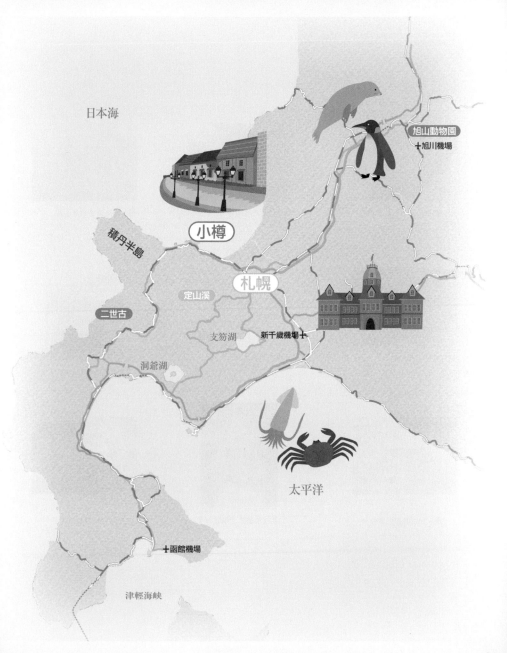

日本海

旭山動物園
✝旭川機場

小樽

積丹半島

札幌

定山溪

二世古

支笏湖

新千歲機場✝

洞爺湖

太平洋

✝函館機場

津輕海峽

黃金週是札幌的最佳賞櫻
時機

大通公園的花壇四季
都很漂亮

幌見隘口的薰衣草花園

新鮮度滿分的海鮮

在啤酒屋喝一杯
別有一番滋味

有許多美味的甜點

圓山動物園的可愛動物

肅穆氛圍的北海道神宮

秋天的札幌也很漂亮

札幌

雖身為北海道的中心都市，
但大通公園的草坪和花卉、噴泉、行道樹營造出輕鬆氛圍，
清爽的微風、舒適的街道。
直到深夜都很熱鬧的薄野區到處可見居酒屋和酒吧，
在市內也有令人十分滿足的溫泉SPA。
從全北海道運來的扇貝、螃蟹、鮭魚、海膽等魚貝類，
以及羔羊肉、成羊肉、牛豬肉、乳製品均集中在這裡。
就來計畫一趟美食饗宴之旅吧！

大略地介紹一下札幌

明治2年設置開拓使之行政機關開始建設札幌。
棋盤狀規劃的都市周邊有豐富的綠意和清流、
饒富變化的四季、別具特色的飲食文化，充滿魅力的札幌。

在札幌站備齊所有的旅遊資訊

蒐集觀光資訊

札幌站大樓內及北海道廳舊本廳舍旁，設有提供札幌和北海道觀光資訊的服務處。有常駐專職的工作人員、相當方便。

● 札幌站
北海道SAPPORO觀光服務處（KitaBell內）
☎011-213-5088
⌂札幌市北區北6西4 札幌駅西コンコース ⏰8:30～20:00
休無休 P無 ‖直通JR札幌站
MAP 21 D-1

● 大通
大通公園觀光資訊中心&官方商店
☎011-251-0438
⌂大通公園西7丁目南東角
⏰10:00～16:00
休無休 P無
‖地下鐵大通站步行5分
MAP 21 C-3

冬天的積雪路面濕滑 外出前請先到超商

札幌的冬天街道會因為結冰而變得濕滑。超商有販售防止在雪道鞋底打滑、穿脫簡易的裝備，記得購買後再上路。

札幌的街道為棋盤狀 很容易辨別東西南北

札幌的中心部，以電視塔所在地的大通公園為南北線、以創成川為東西境界與住宅區分開，所以看住宅區大概就可得知場所的位置。

充滿歷史感的紅磚建築

北海道廳舊本廳舍

1888（明治21）年建造的美國風新巴洛克樣式。

☎011-204-5019（週六、日、假日☎011-204-5000北海道廳本廳舍中央司令室）⌂札幌市中央區北3西6 ⏰8:45～18:00、前庭散步7:00～21:00（12～3月8:00～）休無休
¥免費 P無 ‖JR札幌站南口步行7分 MAP 21 C-2

年中無休的觀光資訊中心

大通公園內有多個觀光資訊中心，最新開設的位於西七丁目。冬天也照常開放，可免費提供中文、英文、韓文的電話口譯等服務，對國內外觀光客而言相當方便。還附設販售T恤等原創商品的商店。

遊逛時髦的路面店

圓山 P.70

悠閒漫步其間，即可發現許多店家的區域。

要先去嘟兒呢？

⊗北海道克拉克博士像
桑園站
北海道廳舊本廳舍
北大植物園
近代美術館
彫刻美術館
北海道神宮
圓山公園
圓山動物園
圓山
大通公園
薰衣草田
藻岩山
札幌環状
石山通
定山溪道

與札幌站出口直接連結的觀景點

JR塔 P.28·32

可360度欣賞札幌街景的JR塔展望室T38很有人氣。

彌漫著明治11年建築的歷史風情

札幌市時計台
（舊札幌農學校練武場）

為國家指定重要文化財、日本最古老的時計塔，自明治14年設置以來鐘聲依舊持續鳴鐘。（於平成21年8月7日認定為機械遺產第32號）

☎011-231-0838
⚑札幌市中央区北1西2
🕐8:45～17:00
㊡第4個週一（遇假日則翌日休）
¥200日圓 🅿無 ‼地下鐵大通站步行5分
MAP 21 D-2

日本國內著名的鬧區

薄野區

介於南3～8條、西1～9丁目間的繁華街，札幌的夜間娛樂都在這裡。

在綠意盎然中舉辦活動

大通公園 P.22·24

從電視塔以西的第一條街延伸至第12條街，約1.5公里長的公園，也是札幌雪祭的主要

租自行車遊逛札幌市內

札幌市內用自行車來觀光很方便。「RENT-A-CYCLE札幌」中，可租借札幌市內觀光用自行車、1台1天1000日圓。還有運送到飯店的服務，有機會可試試看。停車時請利用自行車停車場。

☎011-223-7662
⚑札幌市中央区北2東2 けいほくビレッジ105
🕐4月11日～10月31日、8:30～17:00 營業期間中無休
¥1台1天1000日圓（視天數會有折扣）🅿無
‼地下鐵巴士中心前站步行3分 MAP 21 E-2

札幌／札幌概況簡介

冬季雪多，移動時間可能會超過夏季的2倍，請注意時間上的分配。

札幌市內的地下鐵和市電都很方便
也要靈活運用觀光巴士和計程車

先由市營地下鐵、市電、巴士、計程車等選項中
確認欲前往目的地的交通工具以及是否可預約。
還可善加利用物超所值的預付卡。

→共通1 DAY Card。
↓共通With You Card的
5000日圓乘車券

⑥ 札幌市營地下鐵、市電

可在1日內不限次數搭乘市營地下鐵和市電的預付卡相當划算。自動售票機和窗口等處均可購買,請依用途選擇。

各種超值的預付卡

●共通With You Card
可搭乘市營交通(地下鐵和市電)以及北海道中央巴士、JR北海道巴士、定鐵巴士的市內路線。發售面額有500日圓、1000日圓、3000日圓、5000日圓、10000日圓,1000日圓以上的預付卡會附優惠。

●共通1 DAY Card 1000日圓
可在1日內不限次數搭乘市營交通(地下鐵和市電)、北海道中央巴士、JR北海道巴士、定鐵巴士。
※巴士有路線限制。

●地下鐵專用1日乘車卷800日圓
可在1日內不限次數搭乘地下鐵南北線、東西線、東豐線的全線車班。

●地下鐵專用白天優惠卡2000日圓
(可利用額度2500日圓)
10:00~16:00(剪票機入場時間)期間可搭乘地下鐵全線車班。

●Donichika Ticket 500日圓
可於週六、日、假日利用的地下鐵專用1日乘車券。休假日時用這張來環繞札幌市區相當划算。

洽詢處
札幌市交通服務中心
☎011-232-2277

札幌市營地下鐵·市電路線圖

※札幌市營地下鐵、市電和札幌市內的路線巴士,都可以使用交通系列的IC卡(Suica、PASMO、TOICA、manaca、ICOCA、PiTaPa、SUGOCA等)。

定期觀光巴士

◉ 札幌市內周遊券

可在市內的指定觀光景點使用的點數券，以及可在1日內不限次數搭乘地下鐵、市電、巴士的乘車券等所組成的超值周遊券。

洽詢處　札幌市內周遊券實行委員會
☎011-219-7551

2013年度販售概要

¥ 大人1000日圓（10點點數券）
販售期間：2013年4/27～11/4
販售場所：北海道札幌觀光服務處、札幌市內主要飯店、地下鐵定期券販售處、たぬきや（伴手禮店）等。有關2014年度的販售請事先洽詢。

關於設施的利用

市內27處的觀光景點都有設定點數。只要點數相加不超過10點，均可自由選擇任何景點使用。主要的觀光景點，有圓山動物園、札幌電視塔、札幌羊之丘展望台等。

◉ 定期觀光巴士

除了遊覽札幌市內外，還網羅了支笏湖、小樽、旭山動物園等景點在內的觀光巴士。簡單又方便，事先預約即可輕鬆觀光。

洽詢處　北海道中央巴士總站　☎011-241-1022

「札幌1日行程」，是前往大倉山、北海道神宮、羊之丘等景點的悠閒路線。
所需時間：8小時50分
運行時間：4月下旬～11月上旬
出發時間：8:45
¥ 5900日圓（附餐6700日圓）

「雙層巴士白色戀人公園和場外市場行程」，會巡訪北海道神宮、白色戀人公園、場外市場。
所需時間：4小時5分
運行時間：4月上旬～11月下旬
出發時間：9:30　¥ 2400日圓

◉ 觀光計程車

若想更自由地遊逛市內的觀光景點，則推薦搭計程車。除了2小時札幌市內漫遊9200日圓（小型車）外，也可依照客制行程報價。

札幌觀光TAXI NEXTAGE
☎0120-89-7255
SAPPORO GUIDE
☎011-512-0011
Likenet預約中心
☎011-633-1700

◉ 觀光型路線巴士

北海道中央巴士有個取名為「SAPPORO WALK（さっぽろうぉ～く）」的觀光型路線巴士。一般車資1人200日圓，也有發行與指定路線巴士共通的1日乘車券750日圓。

洽詢處　北海道中央巴士
☎011-231-0500
※共通1DAY Card和共通With You Card也可搭乘SAPPORO WALK。

SAPPORO WALK　（全年運行）

（2013年9月時）

札幌市內周遊券，也有推出與新千歲機場連絡巴士的組合套票（大人單程1900日圓、去回2800日圓）。

17

札幌近郊 移動的基準

大通公園

約10km

札幌羊之丘展望台

手稲區

西陵公園

宮の沢

函館本線

中央發寒站

新川站

北區

八軒站

白色戀人公園 P.34

宮の沢

東西線 發寒南

琴似站

札幌競馬場

P.59札幌らっきょ本店 R

琴似

北海道大學

西區

西野

P.39 鮨の魚政 R

P.38札幌市中央批發市場 場外市場 S

桑園站

二十四軒

ヤン衆料理北の漁場 S R

P.74 円山茶寮 C

近代美術館

東西線

西部

札幌市中央區

円山公園

西18丁目

札幌醫大

P.33 大倉山展望台

P.70 円山MAP

P.65ショコラティエマサール S

P.53らーめんてつや南7条本店

P.46季の苑 エルムガーデン R

P.60レストラン虫狩 R

P.50和風回転すし 扇 R

82

薫衣草田

P.50 回転寿司根室花まる

ばんけい滝

P.33 札幌藻岩山展望台

藻岩山

藻岩山

こばやし峠

南區

栄町

丘珠機場

新道東

東雁来

江別市

東豊線

札幌新道

札樽自動車道

北部

元町

東區

P.51 回転寿しトリトン 伏古店 Ⓡ

OYAGE P.58

環状通東

Ⓡ PICANTE P.58

Ⓗ 札幌菲諾酒店 P.80

Ⓗ 札幌白楊酒店 P.81

北13条東

東區役所前

東部

サッポロビール園 P.54

サッポロビール博物館

Ⓡ Ario札幌 P.55

サッカー
アミューズメントパーク

東雁来町

雁来大橋

豊平川雁来
健康公園

豊平川緑地

道央自動車道

白石區

川下公園

厚別區

札幌站

Ⓡ Sapporini P.63

Ⓢ 札幌工廠購物中心 P.63

豊平川緑地

道廳舊本廳舎

Ⓡ Trattoria Pizzeria Terzina P.62

Ⓡ ビヤケラー札幌開拓使 P.55

白石站

厚別通

時計台

公園

電視塔

千歳鶴
酒博物館 P.31

菊水

中央道路

厚別站

函館本線

新札幌站

P.20 札幌市區MAP

中島
公園

Ⓗ Ⓑ 札幌藝術飯店 P.41・81

学園前

Ⓢ 洋菓子きのとや
白石本店 P.35

平和站

道央自動車道

公園

Ⓡ キリンビール園本館中島公園店 P.55

Ⓗ 札幌萊福特酒店 P.81

Ⓡ 茶寮 瀧乃家 P.47

白石

白石サイクリングロード

P.55

Ⓡ アサヒビール園白石はまなす館

南郷7丁目

Ⓡ マジックスパイス P.59

東西線

中央道路

12

幌平橋

豊平公園

美園

南郷13丁目

ひばりが丘

中の島

平岸

Ⓡ すみれ 札幌本店 P.52

月寒中央

東豊線

南郷18丁目

12

大谷地

274

豊平區

Ⓡ ラーメン専門店店玄咲 P.53

北星学園大

Ⓡ さっぽろ純連 P.52

澄川

P.50

Ⓡ 鮨処なごやか亭福住店

福住

室蘭街道

清田區

札幌巨蛋

36

南部

札幌大

羊ケ丘

真駒内南町道路

自衛隊前

真駒内

科学館

札幌羊之丘展望台

札幌国際大

札幌整體MAP

上方
為北方

周邊圖 ●P.112

0   1km

1:80,000

札幌中心部 移動的基準

JR札幌站

🚶10分

北海道廳舊本廳舍

🚶8分

札幌市時計台

🚶5分

大通公園

🚶5分

薄野

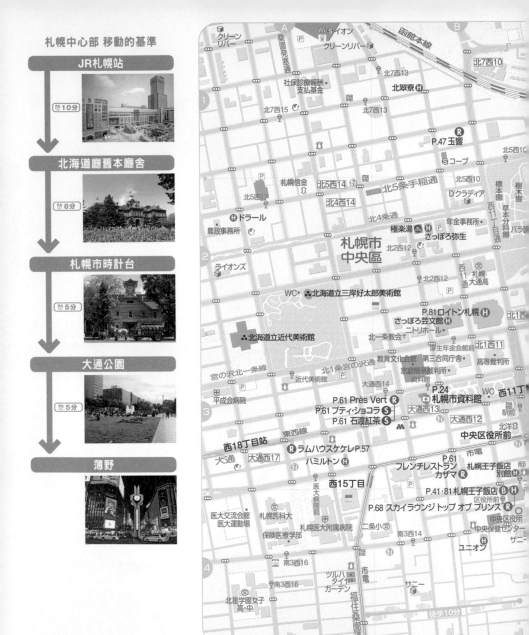

大通公園上草木扶疏、花團錦簇
一年四季都有熱鬧的活動

抵達札幌後，先到城市中心部、東西向延伸的大通公園。
一手拿著玉米，邊好好欣賞花壇、噴泉、雕刻散布其間的公園。
這裡同時也是啤酒屋、札幌雪祭等重要活動的舉辦場地。

札幌的春天就從大通公園開始。花壇上盛開的美麗花卉、噴泉濺起的水花、開始營業的玉米攤車。6月的「YOSAKOI索朗祭」，可欣賞場面壯觀的舞蹈遊行，屆時會吸引大量狂熱的群眾。

照片提供：YOSAKOI索朗祭實行委員會

7、8月的札幌微風輕拂，是最舒適的季節。民眾們會前來公園享受短暫的北國夏天。從7月中旬起一個月的時間，公園會搖身一變成為啤酒庭園。直到深夜都很熱鬧。

彌漫一整個月的聖誕氣氛
11月下旬開始到聖誕節期間，大通公園2丁目會舉辦「札幌白色燈節」以及「慕尼黑聖誕市集in Sapporo」。可愛的聖誕商品十分吸睛，當然也絕不可錯過享受熱葡萄酒和道地的德國香腸。

秋

孟蘭盆節過後，隨即染上一層秋色的札幌。上了色的樹木將公園點綴成浪漫的氛圍。9月中旬～10月上旬會舉辦「秋季美食節」，可品嘗來自全北海道的美食。

即便是被雪覆蓋的冬天，大通公園依舊很熱鬧。11月下旬開始的「札幌白色燈節」和「慕尼黑聖誕市集in Sapporo」，到了嚴寒的2月則是「札幌雪祭」的登場。

YOSAKOI索朗祭是結合高知的「YOSAKOI祭」和北海道的「索朗祭」而來的慶典。

來到札幌先到大通公園
讓都心的綠意撫慰身心

位於札幌中心部的大通公園，
是個有著噴泉、花壇、草坪、裝飾藝術的休閒景點。
玉米攤車讓旅人感受到札幌的氛圍。

3 小時

從西1丁目到西13丁目以普通速度行走也約需1小時，再登上電視塔、搭乘觀光馬車、參觀資料館的話得花上3小時。若想節約時間，可先計劃好再做重點觀光。

推薦時段

左：也有展示出身札幌的漫畫家、畫家大場比呂司的作品
下：重現控訴院時代的法庭

2 大通公園觀光服務處
おおどおりこうえんかんこうあんないじょ

大通公園的資訊發信站

西3丁目設有「大通公園觀光服務處」，西7丁目有「大通公園觀光資訊中心&官方商店」。

服務處 ☎011-251-0438(西7丁目)
↑札幌市中央区大通西3、7 ⏰3丁目9:30～17:30(7～8月9:00～18:00)西7丁目10:00～16:00 困西3丁目無休(4月～10月)西7丁目無休 P無 ‼西3丁目 地下鐵大通站即到 西7丁目 地下鐵大通站步行5分 MAP 25

在西7丁目的官方商店內，也販售著與玉米相關的商品

1 札幌市資料館
さっぽろししりょうかん

美麗的札幌軟石建築物

1926（大正15）年建造的舊札幌控訴院（札幌高等裁判所的前身），為北海道登錄第1號的有形文化財。除了復原控訴院時代的法庭外，還有可瞭解札幌建城的歷史和司法制度的展示室，以及公開遠友夜學校紀念室。

資料館 ☎011-251-0731 ↑札幌市中央区大通西13 ⏰9:00～19:00 困週一（遇假日則翌日休）¥免費 P無 ‼地下鐵西11丁目站步行5分 MAP 24

西13丁目	西12丁目	西11丁目	西10丁目	西9丁目	西8丁目

瀋陽友好交流ゾーン・修景水路 若い女の像　マイバウム　石山通　壁泉　黑田清隆像・Horace Capron像　遊水路　プレイスロープ　黑色旋渦形滑梯・有島武郎像

1札幌市資料館

玉米攤車多位於西3、4丁目一帶

3 玉米攤車

不可錯過的名產

有烤玉米和水煮玉米可選擇，比較受歡迎的是烤玉米。砂糖醬油的焦香味道，讓人食指大動。7月底過後會將冷凍品換成新鮮玉米，是最好吃的季節。1支300日圓。

札幌市資料館的浮雕「正義女神」

由姊妹市慕尼黑獲贈的五月柱

對札幌開拓有所貢獻的黑田清隆像與Horace Capron像

野口勇的黑色旋渦形滑梯

從電視塔一望大通公園　　札幌的紫丁香樹　　慕尼黑聖誕市集in Sapporo　　札幌雪祭的雪雕作品

5 札幌電視塔
さっぽろテレビとう

從90m的高處俯瞰大通公園

建於大通公園的東側，為城市東西南北交界的起點。從約90m高的展望台眺望札幌市區景緻絕佳。也設有餐廳和伴手禮店。

展望台 ☎011-241-1131 ⏏札幌市中央区大通西1 ⏰9:00〜22:00（夏天）9:30〜21:30（冬天）🚫不定休（會有臨時休業）💴展望台700日圓 🅿無 ‼地下鐵大通站步行3分 MAP 25

大通公園的地標──
札幌電視塔

電視塔造型的牛奶餅乾315日圓

「電視爸爸」特大布偶2500日圓

②大通公園觀光服務處
④觀光幌馬車的起訖站
⑤札幌電視塔
大通公園觀光資訊中心&官方商店

西6丁目　西5丁目　西4丁目　西3丁目　西2丁目　西1丁目

開拓記念碑　石川啄木歌碑像　泉の像　開拓之母像・花之母子像　創成川通り

聖恩碑　噴水　ベンソンの水飲み　愛心歸・湖風の像　地下停車場出入口

觀木之森　噴水　地下停車場出入口

薄野

札幌觀光幌馬車，所需時間約40分。

4 札幌觀光幌馬車
さっぽろかんこうほろばしゃ

悠閒享受銀太的魅力

在札幌市內的一般道路上、混在車陣中行進的雙層觀光幌馬車。會繞行時計台等中心區各處。第4代的銀太是服役10年的老手。

交通 ☎011-512-9377 ⏏札幌市中央区大通西4（地下鐵大通站5號出口旁）⏰10:00〜12:00、13:00〜16:00（4月底〜11月3日、9月〜11月〜15:00）🚫週三（雨天不營業）💴1800日圓〜 🅿無 ‼地下鐵大通站即到 MAP 25

大通公園的美食推薦

札幌牛奶聖代350日圓，有草莓、哈密瓜、巧克力等配料

馬鈴薯250日圓，熱呼呼的馬鈴薯可加上奶油一起享用

噴泉　　安田侃的意心歸　　山內壯夫的花之母子像　　東西向延伸的極光地下街

於每年6月舉辦的花節中，可欣賞到花藝創作之類的展示。

在大通周邊探尋。當地人也會造訪的咖啡廳&商店&藝術空間

在大通區域，可發現個性風格的店面，
或是隱身在古老大樓內的名店。
以下介紹的是值得推薦的札幌名店。

1 展現職人手藝的珍品

↑除了男用&女用皮包外，小物類的商品也很豐富

↑「ILSA系列」126000日圓
←著重粉領族需求機能的皮包 113400日圓

ソメスサドル

由歷史悠久的砂川市馬具製造商所製作的皮革製品，風格沉穩且皮革潤澤，使用越久就越有風格。店內陳列著皮包、皮夾、書衣、吊飾、名片夾等商品。

皮包 ☎011-261-3411 ⌂札幌市中央区大通西3 大通ビッセ2F ⏰10:00～20:00 休無休 P有 ♨地下鐵大通站即到 MAP 21 D-2

2 獨特品味的和風小物

↑店內空間以老闆的喜好為基調，營造出雅緻的氛圍

2 oteshio 着物とアンティーク
オテシオきものとアンティーク

在個性店家齊聚的「三谷大樓」內，最具隱密性氛圍的店。衣服、和服小物和骨董、器皿等，陳列著兼具美感與質感的稀有商品。

衣服 ☎011-271-9577 ⌂札幌市中央区南1西6第2三谷ビル3F ⏰13:00～19:00 休週日 P無 ♨地下鐵大通站步行5分 MAP 21 C-3

→帶揚10500日圓和三分紐4200日圓為店內的原創商品。帶留是加工自德國製的鈕扣，上3150日圓、下8925日圓

↑陶藝家井畑勝江的作品酒杯。左3150日圓、右3780日圓

←古蠟染布的茶室袋14700日圓

3 香醇濃郁的台灣茶和咖啡

↑採摘自台灣海拔1000m以上的高山茶650日圓，以及包入鹹蛋的求肥餅300日圓

3 BUNDCAFE
バンドカフェ

可品嘗到台灣的健康茶等少見茶類飲品的咖啡廳，廣受好評。加了布丁的珍珠奶茶很好喝。手作甜點也有極佳的口感。

咖啡廳 ☎011-232-0880 ⌂札幌市中央区南1西6第2三谷ビル2F ⏰12:00～20:00(週日、假日～19:00) 休週三 P無 ♨地下鐵大通站步行3分 MAP 21 C-3

←中村好文設計的椅子，LAPIN黑47775日圓、白37275日圓（含運費）

←一吸睛的飾品。上胸針各3360日圓，下耳環1890日圓

↑紅底設計的店標讓人印象深刻，店內充滿著北海道的無窮魅力

4 北海道提倡的「新製品」

↑也很適合當贈禮或伴手禮。高橋工藝KAMI Glass 2730日圓

→調味鵪鶉蛋「こりゃ～玉らん」880日圓，可當關東煮的配料或下酒菜

→日本產天然蜂蜜「北海道產アカシア」1785日圓

↑「ノースファームストック」的瓶裝果汁各250日圓，有各種蔬菜和水果口味的果汁

4
kanata art shop
カナタアートショップ

以北海道手工藝品作家的創作為主，展現出北國豐富的生命力。從禮品到公共藝術一應俱全，讓人愛不釋手。還有兼顧環境與生態的商品。

雑貨 ☎011-219-3988 ↑札幌市中央区大通西5 大五ビル6F ⊕10:00～19:00 ㊡週日、假日 Ⓟ無 ⓨ地下鐵大通站步行3分 MAP 21 D-2

5
Pasque island
バスキューアイランド

受到札幌人喜愛的個性雜貨鋪。手作蠟燭、按季節變化設計的原創明信片等商品都很有魅力。若事先預約，還提供黑白個人照的攝影服務。

雑貨 ☎011-221-8998 ↑札幌市中央区南1西6第三谷ビル1F ⊕12:00～19:00（週日13:30～）㊡週一 Ⓟ無 ⓨ地下鐵大通站步行5分 MAP 21 C-3

5 為每天生活帶來會心一笑的日用品

↑復古氛圍的入口。店內美麗繽紛而熱鬧

↓以綿、麻等自然素材製作的原創襯衫15000日圓～。不在縫製工廠加工，而是完全手工製作而成

↑顏色俱全的心型漂浮蠟燭5個350日圓

まるい道産食品セレクトショップ きたキッチン オーロラタウン店
まるいどうさんしょくりんセレクトショップきたキッチンオーロラタウンてん

店內擺放了來自北海道各地的特產品、糕點等受到歡迎的伴手禮。布丁和起司蛋糕等高人氣的甜點也種類豐富。

食品 ☎011-205-2145 ↑札幌市中央区大通西2さっぽろ地下街オーロラタウン ⊕10:00～20:00 ㊡比照地下街的公休日 Ⓟ有 ⓨ地下鐵大通站直通 MAP 21 D-3

JR塔往大通公園
以散步氣氛行走地下步行空間

從札幌站前往大通公園走札幌站前地下街最方便。
寬敞的空間內有咖啡廳和活動廣場，相當熱鬧。
與大樓和飯店均有直接連結，可悠閒地享受逛街樂趣。

裝飾在地下街的
案織錦畫。「ハ
エク 春が来た」
阿部紘美（左），
ノヘチラサ 花が
作者、貝澤竹子（

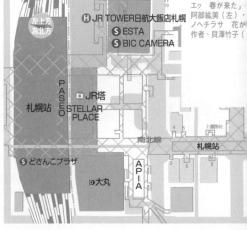

1 JR塔 ジェイアールタワー
一天也逛不完的購物區

飯店和辦公室進駐的JR塔大樓。B1～6F是購物區，有JR塔、札幌STELLAR PLACE、ESTA、PASEO、APIA等商場，很適合來這兒採購伴手禮。

複合設施 **JR塔** 札幌市中央區北5西2～4 無休 有
與JR札幌站直通 ☎APIA011-209-3500 ESTA ☎011-213-2111 PASEO ☎011-213-5645 札幌STELLAR PLACE ☎011-209-5100
APIA:10:00～21:00(餐廳11:00～21:30)、ESTA:10:00～21:00(餐廳11:00～22:00)、PASEO:10:00～21:00(餐廳11:00～22:00)、札幌STELLAR PLACE:10:00～21:00(STELLAR DINING11:00～23:00) MAP 28

2 札幌站 さっぽろえき
進化中的大車站

與購物中心和飯店進駐的「JR塔廣場」直接連結，為札幌觀光的玄關口。還設有電影院。

夜晚的札幌站

複合設施 ☎011-222-6131 5:30～24:00 札幌市北区北6西4
MAP 28

車站大樓內有販售北海道伴手禮的どさんこプラザ

どさんこプラザ的鐵捲門，連夜晚都很有北海道風格

可瞧見天空的APIA Dome

JR塔展望室眺望的景觀

創始店的拉麵沙拉，
午餐（附湯、飲料）980日圓、
晚餐950日圓

雪都的地下街
運用連接大通和札幌的地下道，可由地下從札幌站走到薄野。在豪雪地區的大都市札幌也能舒適地走，是十分便利的地下道。

4 北海道ダイニングビッグジョッキ
ほっかいどうダイニングビッグジョッキ

在「拉麵沙拉」的創始店品嘗道地風味

日本全國都開始成為熱門菜色的「拉麵沙拉」，這家正是創始店。嚼勁十足的麵條、豐富的配料，加上特調醬汁的味道真是絕配。

啤酒屋 ☎011-261-3311（札幌グランドホテル）⌂札幌市中央区北1西4 札幌グランドホテル別館1F ⏰11:30～14:00、17:00～21:30 ㊡無休 Ⓟ有 ‼JR札幌站步行10分 MAP 29

5 オーガニックレストランデュランデル

嚴選有機食材的小小奢華法國餐

使用從合作農場和牧場採購的食材和調味料，料裡出健康的當季菜色。蛋糕之類的甜點也很推薦。

法國菜 ☎011-206-9366 ⌂札幌市中央区大通西3 大通ビッセ4F ⏰11:00～14:30、18:00～20:30（下午茶14:30～15:30）㊡第1·3個週一 Ⓟ無 ‼地下鐵大通站即到 MAP 29

オーガニックレストランデュランデル Ⓡ
YUIQ Ⓢ ・大通BISSE
生命札幌ビル
NUTS RESORT DUO
Ⓗ札幌格蘭大飯店
Ⓡ北海道ダイニング ビッグジョッキ

以蔬菜為主的
全餐3990日圓

出自北海道作家之手的
「色樹5段」各21000日圓

人氣的
燉鍋料理
1600日圓

3 NUTS RESORT DUO
ナッツリゾートデュオ

時尚感十足的休閒料理

可品嘗新風格的休閒料理。將添加蔬菜和水果入菜的地中海傳統食物和家庭料裡，以大膽、豪快的料裡手法呈現。

義大利菜 ☎011-210-5000 ⌂札幌市中央区北3西4 日本生命札幌ビル1F ⏰11:30～14:30、17:00～22:30（週日、假日～21:30）㊡無休 Ⓟ無 ‼JR札幌站步行5分 MAP 29

6 YUIQ
ユイク

第一家集北海道和全國各地的手工藝品

有木工品之類的北海道優質手工藝品及從全國精選而來的珍品羅列，很適合買給自己當紀念物。

雜貨 ☎011-206-9378 ⌂札幌市中央区大通西3 大通ビッセ2F ⏰10:00～20:00 ㊡無休 Ⓟ無 ‼地下鐵大通站即到 MAP 29

RESORT DUO　　　大通 BISSE　　　從札幌站往大通站方向的地下街　　　陳列著各地手工藝品的YUIQ

地下街內還有可看到地面上的天窗及數字經過設計的出入口標示等，蘊含著各種巧思。

在創成川EAST恣意漫步
發現新舊交織的札幌風情

札幌新興休憩景點的創成川公園，
是連結中心部的北與南、東和西的空間。
可在帶點懷舊風情的街道上發現新魅力。

舒暢宜人的綠意

熱鬧的市場一隅

還可見到懷舊的海報

安田侃「天秘」

昭和時代的氣氛

復古的札幌昭和食堂

安田侃「誕生」

讓人忍不住想進去瞧瞧

輕鬆自在的空間感

1
創成川公園
そうせいがわこうえん

綠意和藝術的河畔公園

保留歷史風情的同時，還隨處可見現代藝術的裝飾作品。光是札幌的象徵、紫丁香就栽種了30種類200株，其他還有許多草木花卉，為一處休憩的空間。

公園 ☎011-563-6788
⌂札幌市中央区南4～北1・東西1丁目
⏰自由參觀 Ｐ無
‼地下鐵大通站即到 MAP 31

2
暖簾橫丁
のれんよこちょう

市場內的美食小街

二條市場內的餐飲街。除了海鮮料理、成吉思汗烤肉、湯咖哩、義大利菜以外，還有愛爾蘭酒吧、燒肉店、蕎麥麵店等各式各樣的店家比鄰而立。

餐廳 ☎視店鋪而異 ⌂札幌市中央区南3東1 ⏰11:00～23:00(視店鋪而異) Ｐ視店鋪而異
‼地下鐵豐水薄野站步行5分 MAP 31

3
M's 二条橫丁・M's EAST
エムズにじょうよこちょうエムズイースト

到不同店家吃吃喝喝

位於二條市場對面的餐飲街。章魚燒酒吧、法國餐廳、啤酒吧、烏龍麵店、咖啡廳等各種小店聚集。就像集合所有私房景點般的獨特氛圍，相當有意思。

餐廳 ☎視店鋪而異 ⌂札幌市中央区南2東1 ⏰10:00～24:00(視店鋪而異) Ｐ無 ‼地下鐵豐水薄野站步行5分 MAP 31

創成公園的活動

創成川公園會舉辦紫丁香祭和萬聖節等各式各樣的活動。7月中旬～8月中旬期間，在狸二條廣場還會搭建起啤酒庭園。

果汁有472日圓和504日圓兩種

限定的酒款也很多樣

以燈籠為明顯標幟的暖簾橫丁

可愛造型的椅子

現代和風的建築物

呈現石造的倉庫建築

試喝的種類也很多

充滿歡樂氣息的M's二條橫丁

4
LITTLE JUICE BAR
リトルジュースバー

由蔬果達人嚴選食材調製的果汁

改建自120年歷史石造倉庫的新鮮果汁店。由蔬果達人挑選的新鮮蔬菜和水果調配而成的果汁喝起來口感清爽。以北海道當地米製作的鬆餅也廣受好評，推出的午餐很有人氣。

咖啡廳 ☎011-213-5616 ⌂札幌市中央区南4東3 ⏰4～9月11:00～20:00、10～3月～19:00 休週三 P無 地下鐵豐水薄野站步行5分 MAP 31

5
千歲鶴 酒博物館
ちとせつるさけミュージアム

享受試喝及購物的樂趣

在這裡的設施能讓人對日本・藏元「千歲鶴」的歷史一目瞭然，展示了釀酒用具、照片資料、釀造日誌及歷代知名女星的宣傳海報，也提供試飲。

資料館 ☎011-221-7570 ⌂札幌市中央区南3東5 ⏰10:00～18:00 休無休 免費 P有 地下鐵巴士中心前站步行5分 MAP 31

創成川公園與大通公園、狸小路、薄野等札幌中心部都有連結，交通方便。

感受北海道的大地
景觀、夜景勝地

札幌是以豐平川沖積扇為中心向下發展，
擁有豐沛的大自然為其特徵之一。
還能遠眺石狩灣的壯闊景色。

■南側可一望大通、薄野方向的華麗夜景
■綠意昂然的北西側、夏天風景
■原創商品的星星時鐘5500日圓

從160m高的眺望點欣賞360°視野
JR瞭望台T38
‖札幌站‖ジェイアールタワーてんぼうしつタワースリーエイト

從160m的高空中欣賞到的360°景觀美得令人屏息。唯一可以海景的北側，由野幌原始林拓展到肥沃的低地帶的東側。從札幌電視塔到札幌巨蛋等經濟、文化活動中心設施聚集的南側、街區充滿豐富綠意的西側。東西南北，可感受到各種不同風貌的札幌。

☎011-209-5500
⌂札幌市中央区北5西2
🕐10:00～22:30 🈺無休
¥700日圓 🅿有 ‖與JR札幌站直接連結，或地下鐵札幌站步行5分。於JR塔6F展望室入口樓層購票後，搭乘專用電梯直達38F ᴹᴬᴾ21 D-1

札幌的地標塔
札幌電視塔 ‖大通公園‖さっぽろテレビとう

櫻花和紫丁香綻放的春天、雪景和點燈裝飾營造夢幻氛圍的大通公園等，可享受四季均有不同景致的札幌。還可一望紫丁香祭、YOSAKOI索朗祭、札幌秋季美食節、雪祭等的節慶活動。吉祥物電視爸爸也很有人氣。

☎011-241-1131 ⌂札幌市中央区大通西1
🕐9:00～22:00(冬天9:30～21:30)
🈺不定休(會有臨時休業) ¥700日圓 🅿無
‖地下鐵大通站步行3分
ᴹᴬᴾ21 E-2

■絢爛的大通公園冬天夜景 ■悠閒的大通公園夏天風景，讓人難以想像是身處在市中心 ■札幌電視塔全景

從札幌最具代表的山眺望街景

札幌藻岩山展望台

‖**南部**‖さっぽろもいわやまてんぼうだい

藻岩山在愛奴語中是「總是會去到上面進行警戒」的意思。由空中纜車上可以看到原始林，甚至遠眺石狩灣。由中腹站轉乘的世界首見的森林體驗型迷你電纜車「もーりすカー」，穿梭在綠意中的感覺非常愉快。山頂另設有天文館和餐廳等設施。

1 從藻岩山所欣賞的夜景可實際感受札幌的城市規模
2 白天從藻岩山可一望190萬人口的都市──札幌

☎011-561-8177(藻岩山空中纜車) ⌂札幌市中央区伏見5丁目3-7 ⏰10:30～22:00(4月1日～11月20日)、11:00～21:00(12月～3月) 設施維修時有臨時休 空中纜車+もーりすカー(去回)1700日圓 有 市電ロープウェイ入口站步行10分 MAP 18 B-4

3 可容納約80人的餐廳「THE JEWELS」

從跳雪台欣賞壯觀的景色

大倉山展望台

‖**西部**‖おおくらやまてんぼうだい

1972（昭和47）年舉辦札幌冬季奧運跳台滑雪的歷史舞台。在無賽事期間，可搭乘單程5分的雙人吊椅直達山頂展望台大廳。近距離感受跳雪台的急陡坡很有魅力，還能眺望壯闊的大自然和街景。

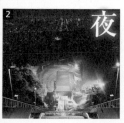

☎011-641-8585 ⌂札幌市中央区宮の森1274 ⏰8:30～18:00(11月1日～4月30日9:00～17:00) 吊椅維修期間;舉辦大會、正式練習日(需洽詢) 吊椅去回500日圓 有 巴士站大倉山競技場入口步行10分 MAP 18 A-3

1 從大倉山眺望的白天風景 2 從大倉山欣賞到的夜景 3 競技場內還設置了可模擬體驗跳雪台的札幌冬季運動博物館

藻岩山的吉祥物「摩理斯」也很有人氣。

草莓巧克力（1盒）

550日圓／冷凍乾燥的草莓與巧克力的搭配。有白巧克力和牛奶兩種口味

生巧克力[Au Lait]

（1箱）693日圓／大量使用北海道生產的鮮奶油，在口中化開時就像絲綢般地滑順

這裡也買得到
新千歲機場等

Royce' 札幌大丸店 ‖札幌站‖ロイズさっぽろだいまるてん

以生巧克力大受歡迎的Royce'直營店。與札幌站直接連結的地理位置以及直營店才有的多樣商品，深具魅力。

☎0120-612-451
⌂札幌市中央区北5西4-7 大丸札幌店B1F
🕙10:00～20:00 ㉁以百貨公司為準 🅿有
🚇地下鐵札幌站即到 MAP 21 D-1

六花亭圓山店 ‖圓山‖ろっかていまるやまてん

發源於帶廣的點心店。由坂本直行所設計、具溫馨感的包裝紙也很有人氣。點心的種類豐富，推薦可購買綜合禮盒。

☎0120-12-6666(六花亭總公司免費電話)
⌂札幌市中央区南2西27
🕙9:00～19:00 ㉁無休 🅿有
🚇地下鐵圓山公園站步行5分 MAP 71

店內食用OK
這裡也買得到
新千歲機場

人氣不墜的
北海道
限定甜點

巧克力洋芋片[原味]

（1箱）693日圓／洋芋片的鹹味與巧克力的甜味融合成絕妙的口感

奶油夾心餅乾

（10個裝）1150日圓／以北海道生產的牛油為主要原料，塗上混合葡萄乾與白巧克力的奶油所製成的夾心餅乾

白色戀人（36片盒裝）

2465日圓／酥脆的貓舌餅乾中夾著白巧克力餡

白色戀人公園 ‖西部‖しろいこいびとパーク

可參觀札幌熱門伴手禮「白色戀人」製造工廠的點心主題樂園。有手作餅乾體驗，以及規劃了玫瑰園、迷你火車、玩具時鐘等童話般的庭園也很有人氣。

☎011-666-1481 ⌂札幌市西区宮の沢2-2
🕙9:00～17:00(販賣部~19:00) ㉁無休
🅿有
🚇地下鐵宮之澤站步行7分 MAP 18 A-1

這裡也買得到
新千歲機場等

洋菓子きのとや 白石本店
‖東部‖ようがしきのとやしろいしほんてん

集合了使用北海道當地食材製作而成的點心且種類豐富，很受當地人喜愛的蛋糕店。甜度適中的「夢幻黑千石」是很推薦的伴手禮。

☎011-813-6161 ⏶札幌市白石区東札幌3-5 ⏰9:00～21:00 困無休 ᴾ有
‼地下鐵白石站步行5分 MAP 19 D-3

店內食用OK　這裡也買得到
新千歲機場

夢幻黑千石（8片裝）735日圓／使用稀有的黑大豆製成，同時擁有微微甜味與豐富口感的餅乾

北の小さなケーキ HASSKKAP JEWELRY 6個裝900日圓／有著酸甜滋味的果醬和鮮奶油、巧克力的高雅風味

新鮮牛奶＋十勝紅豆、小麥、甜菜糖等，以北海道特有食材為原料所製成的甜點彷彿能融化人心般。很適合買來當伴手禮送人。

店內食用OK
這裡也買得到
大丸札幌店
MAP 21 D-1

もりもと本店
‖千歲‖もりもとほんてん

起源於千歲的美味蛋糕麵包店。使用北海道特有水果「HASSKKAP」做的糕點極受歡迎。除了長銷的HASSKKAP JEWELRY之外也有果凍等商品。

☎0123-23-4181 ⏶千歲市千代田町4-12-1 ⏰8:00～19:30 困無休 ᴾ有
‼JR千歲站步行7分 MAP 113 C-3

雙層起司蛋糕　1個1575日圓／以烤乳酪和生乳酪交疊出的奢華二重奏，能品嘗到兩種乳酪的風味與口感

北菓楼 小樽本館
‖小樽‖きたかろうおたるほんかん

堅持所有商品均使用北海道當地素材製作的點心店。溫潤與柔軟口感的年輪蛋糕，請務必品嘗看看。

☎0134-31-3464 ⏶小樽市堺町7-22 ⏰9:00～18:30（冬天～18:00）困無休
ᴾ無 ‼JR小樽站步行15分 MAP 89 E-1

這裡也買得到
大丸札幌店 MAP 21 D-1

果樹園的六月1200日圓／添加了大量蘋果汁與果肉而顯得軟嫩，是本館的限定商品（其他分店沒有販售）

小樽洋菓子鋪LeTAO
‖小樽‖おたるようがしホルタオ

產品以北海道的乳製品等為原料，店內隨時都備有100種以上的點心可供選擇。網路販售的人氣也很高。

☎0134-40-5480 ⏶小樽市堺町7-16 ⏰9:00～18:00（咖啡廳～17:30，視季節而變動）困無休 ᴾ有
‼JR南小樽站步行7分 MAP 89 E-2

店內食用OK
這裡也買得到
新千歲機場等

もりもと的「太陽いっぱいの真っ赤なゼリー」是使用北海道生產的水果番茄所製作的果凍，推薦可買來當伴手禮。

札幌Style Shop
‖札幌站‖さっぽろスタイルショップ

能實際觸摸嚴選的製品，並可當場購買。
店內陳列了許多適合當伴手禮的商品。
☎011-209-5501 ⌂札幌市中央区北5西2
JR塔EAST 6F展望室入口
🕐10:00～20:00 🈳無休
🅿有 ‖與JR札幌站直接連結 🗺21 D-1

櫻花野餐墊「北海道圖案」（下照片）、
「草地圖案」（上照片）各2450日圓／自
然與環境結合的戶外野餐墊。以櫻花季時的
北海道大地與關東的草地為印象設計而成。
☎ワードエム 011-789-8880

板擦吊飾
各1155日圓／
利用札幌市內藻岩山的間伐材等北海
道木材所製作。 用讓人懷念的板擦，
將智慧型手機之類的螢幕畫面擦乾淨
吧。
☎チエモク 011-790-7012

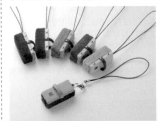

Crystallize Sparkle
項鍊（左）9975日圓 耳環（中）3360
日圓、（右）5670日圓／纖細的手繪圖
案以及使用天然礦石製作的銀飾品。讓
人聯想到雪的結晶和夜空星星的設計讓
人印象深刻。
☎almost jewellery 011-531-0018

雪花髮束
各525日圓／很受女性喜愛的髮
飾。 以雪結晶為主題的瓷器裝
飾有獨特的存在感。 有很多顏
色可供選擇。
☎po-to-bo 011-854-5828

在札幌
Style裡
尋找雜貨
伴手禮

Sweet Skincare SUCRE
按摩&面膜各1260日圓
臉部&身體磨砂膏各3150日圓／以北海
道特產的甜菜根為原料製作的護膚系列。
☎アビサル・ジャパン
011-530-6500

紙肥皂、初雪 1050日圓／
以代表北海道的雪結晶為印象所設
計的紙肥皂。 放進包包中也不佔體
積，很方便隨身攜帶。
☎Savon de Siesta 011-215-8714

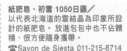

水滴系列
1890～10290日圓／融雪之後春天
即將來臨，將這般北國居民的期待形
感，以北海道的木材製作出水滴形
狀的飾品。質感輕巧並能感受到木
頭的溫暖。
☎hikuidori 011-856-5295

軟呼呼小羊
1365日圓/~
以札幌羊之丘天空上飄著的綿羊雲為藍本所設計的軟呼呼小羊。除了裝飾品與吊飾外，還有明信片。
☎maaberry 011-685-1554

雲與冰的蠟燭系列
霜柱各2625日圓、
冰蝶各2940日圓、冰花各840日圓/
以雪和冰交織展現出莊嚴美威的冰凍系列。點上火後原本冷酷的形象就搖身一變，成了療癒系的溫柔光芒。
☎Progressive Candle 090-9757-7783

時計台 立體卡片
各360日圓/札幌的象徵──時計台從卡片中一躍而出的立體卡片。有雪與星星2種款式。
☎ドーレン 011-616-1855

札幌Style誕生的理由

札幌城市的魅力究竟是什麼呢？
若將札幌的魅力以下列4個關鍵字來表現…

1.都市與自然的融合
便利的都市機能與美麗的自然環境共存的城市

2.從雪衍生出的鮮明四季
擁有喜愛寒冷、享受雪祭的玩心

3.不受傳統束縛的自由氛圍
毫不抵抗地接受各種新事物

4.城市規模大小適中
能遇到學有專精的人們，可相互協助的精簡型城市

木頭ZOO
大的各250日圓、小的各200日圓/以札幌市圓山動物園內的動物為主題造型，一個一個仔細製作而成。若要當禮物送人的話還可選擇木箱盒裝的積木組合。
☎社會福祉法人草的實工房もく
011-621-0708

洋蔥染圍巾
2500日圓/~
用洋蔥皮染液將亞麻、絲綢和綿等布料上色，顏色有茶色、金色和銅色3種。
☎工房はまなす 011-723-2515

わっふるふみset
各630日圓/在有著鬆餅格子模樣的和紙上，印上有著札幌大自然威覺圖樣的信件組。有果實（藍色）和花（粉紅）等2種。
☎北の紙工房 紙びより
011-887-9122

木葉杯墊
1600日圓/使用端材並以美麗樹葉模樣完成的杯墊。也有2片套裝的禮盒提供。
☎札幌クローバー会
011-825-7772

札幌Style展示窗
『大通』さっぽろスタイルショーケース

位於眾多觀光客會行經的大通站中央大廳，雖然沒有提供販售，但有介紹多家企業的製品和設計理念。

⌂札幌市中央区大通西2 地下鐵大通站中央大廳內定期券販售處旁 ⏱以地下鐵大通站的營業時間為準 ㊡無休
Ⓟ無 ♿與地下鐵大通站直通 ㎙21 D-3

從札幌日常生活中孕育而出的札幌風格設計，亦即所謂的「札幌Style」。

邊感受清晨的空氣
邊品嘗新鮮的山珍海味

若想採買螃蟹和鮭魚等北海道的新鮮魚貝、
馬鈴薯和哈密瓜等大地的恩惠當伴手禮,來市場就對了。
買完後可順便到市場的在地食堂吃個午餐。

店頭陳列著新鮮的魚貝和蔬果

也有雪場蟹腳、牡丹蝦、海膽之類的高級食材

這就是北海道的味道

可愛的魚販雕像

我可不是外星人唷

「歡迎光臨」熱情招呼的店員們

從日本海、鄂霍次克海直送過來的鮮魚
札幌市中央批發市場 場外市場
‖西部‖さっぽろしちゅうおうおろしうりしじょうじょうがいしじょう

用便宜價格即可買到從鄰接的札幌市中央批發市場競標來的北海道產新鮮魚貝和蔬菜。市場內氣氛熱絡,螃蟹和鮭魚卵均提供試吃,所以可安心採購。

市場 ☎011-621-7044(場外市場中心街商業工會)
🏠札幌市中央区北11西21～23
🕐6:00～17:00(視店鋪而異)
🅷無休 🅿有
🚇地下鐵二十四軒站步行8分
MAP 18 B-2

位於札幌的中心、大通附近的市民廚房
二条市場
‖大通‖にじょういちば

市場內不僅有新鮮的魚貝類,還有蔬菜水果等北海道美味羅列。50間店鋪齊聚,很適合來這裡挑選伴手禮。

市場內的暖簾橫町有許多個性十足的店家,光閒逛就很有樂趣。

市場 ☎011-222-5308(札幌二條魚町商業合作工會)
🏠札幌市中央区南3東1～2
🕐7:00～18:00(視店鋪而異)
🅷視店鋪而異 🅿有
🚇地下鐵大通站步行8分
MAP 21 E-3

市區的市場

除了二條市場以外，還有餐飲店廚房之稱的薄野市場 **MAP** 21 D-4以及狸小路市場 **MAP** 21 D-3。走在狹窄巷弄內也可見餐飲店。

對魚精挑細選的買家都會光顧的店
鮨の魚政 ‖西部‖ すしのうおまさ

位於中央批發場外市場的丸果中心內。店內只有容納7～8人的吧檯座。可品嘗到一大早從市場直送過來的新鮮食材加入味醂、酒以小火滾到酒精揮發的江戶前風的滋味。

壽司 ☎011-644-9914 ⌂札幌市中央区北12西20 札幌中央卸売市場丸果センター1F ⏰6:30～11:30（食材用完即打烊）㊡週三、日、假日（以市場的公休日為準）Ｐ有 🍴地下鐵二十四軒站步行8分 **MAP** 18 B-2

也有主廚特配握壽司，第一次去也放心。2500日圓左右起

選擇性多樣的鮮魚專賣店
近藤昇商店 寿し処けいらん
‖大通‖ こんどうのぼるしょうてんすしどころけいらん

由二條市場內的鮮魚店直營的壽司店。有最受歡迎的海膽蓋飯等3種海鮮蓋飯以及附3貫握壽司的北海五膳，能品嘗各種美味。

壽司 ☎011-241-3376 ⌂札幌市中央区南3東2 ⏰8:00～16:30㊡無休 Ｐ無 🍴地下鐵大通站步行8分 **MAP** 21 E-3

可同時品嘗壽司和蓋飯的北海五膳2310日圓

當地人也會來享用午餐的店
和食と鮨 に条
‖大通‖ わしょくとすしにじょう

鄰接二條市場，可輕鬆大啖以北海道產為主、從全國各地進貨的食材。不以市價計算的公開價格也很讓人開心。

壽司 ☎011-219-1346 ⌂札幌市中央区南3東2 プレザントビル1F ⏰11:00～15:00、17:00～21:30㊡無休 Ｐ無 🍴地下鐵大通站步行7分 **MAP** 21 E-3

午間菜單780日圓～。和牛牛排飯等壽司以外的菜單也很豐富

位於二條市場內、創業60餘年的だるま軒的拉麵擁有樸實的古早風味，很有魅力。簡單配料的咖哩飯是人氣的秘密菜單。

在商務飯店內享受奢華的悠閒時光 泡個溫泉、舒緩逛街的疲累

有效率地運用在旅遊地的夜晚，讓自己變得更漂亮。
泡個舒服的天然溫泉，或是體驗按摩、護膚和岩盤浴。
一掃全身疲倦，儲備明日的滿滿元氣。

JR TOWER日航大飯店札幌

‖札幌站‖ジェイアールタワーホテルにっこうさっぽろ

位於100m高、22樓建築物頂樓的SKY RESORT SPA「PULAU BULAN」（18歲以上），是使用湧自JR札幌站地下天然溫泉的療癒空間。可分別在AQUA、REFRESH、BEAUTY等3區享受優雅的體驗。

☎011-251-2222(代表號) 札幌市中央区北5西2 11:00～23:00 休不定休 P有 與JR札幌站直通 MAP 21 D-1

入浴費一般2800日圓 1追求深層平靜與美麗的護膚療程 2水深1.2m、有按摩效果的浴池「Carnia Isle」 3藉由精油按摩達到舒緩效果的「Vital Room」 4衛浴用品也很齊全、可輕鬆利用的「Dressing Room」 5餐點均符合健康和美容理念的咖啡廳 6可邊欣賞從22樓眺望的景觀邊悠閒享受的「Relaxatio Lounge」 7泡個舒服的天然溫泉

不需準備任何東西即可輕鬆利用

SPA和岩盤浴都各自有提供毛巾備用。化妝間和淋浴間等設施也都很齊全，所以就算兩手空空也能輕鬆前往利用。

温泉露天浴池為住宿客專用 入浴費450日圓（含温泉稅） 1温泉露天浴池 2在沙龍個室悠閒小憩 3體驗足部療程舒緩旅途疲憊

入浴費2800日圓、岩盤浴60分1575日圓 1岩盤浴中還講究地使用了北海道特有的苔蘚動物化石等 2也提供護膚和午餐的套裝組合（需預約） 3還有按摩浴池和噴泉浴池

空間舒適的護膚間。

入浴費1885日圓 1男性用大浴場的面積相當大，除了噴泉浴池外還有水浴池、三温暖室等 2僅女性用大浴場有附露天浴池，可享受在市中心難得的寬敞舒適空間

---

1 札幌王子飯店

‖西部‖ さっぽろプリンスホテル

在女性專用的護膚沙龍「Lutea」裡，可在當天就將旅行途中的受損肌膚修復完成。身體療程7000日圓～。

☎011-208-1128（直撥）
⌂札幌市中央区南2西11
🕐13:00～22:00 ㊡週二 🅿有
‖‖地下鐵西11丁目站步行3分
MAP 20 B-4

2 札幌藝術飯店

‖薄野‖ アートホテルズさっぽろ

中島公園與豐平川旁的「Parkside SPA」。泡個天然温泉讓身心煥然一新，護膚間 和休息室等泡湯後可使用的設施選擇也相當豐富。

☎011-512-3456（代表號）
⌂札幌市中央区南9西2
🕐11:00～24:00 ㊡無休 🅿有
‖‖地下鐵中島公園站即到
MAP 19 C-3

3 札幌蒙特雷埃德爾霍夫酒店

‖札幌站‖ ホテルモントレエーデルホフさっぽろ

冠上捷克温泉名稱的「Karlovy Vary SPA」位於視野絕佳的14樓，可邊眺望藻岩山邊悠閒享受温泉之樂。

☎011-330-4455（直通カルロビ バリ スパ）
⌂札幌市中央区北2西1
🕐11:00～23:00
㊡不定休 🅿有
‖‖JR札幌站步行7分 MAP 21 E-2

札幌蒙特雷埃德爾霍夫大酒店和JR TOWER日航大飯店札幌的SPA眺望視野都很棒，可邊欣賞夜景邊入浴。

北海的美味海膽與
豪華螃蟹的饗宴

北海道名產的螃蟹是一定要品嘗的首選之物，
鮮度高、黏稠口感的海膽也不容錯過。
以下精選了幾家風味博得好評的餐廳。

↑蝦、蟹吃到飽套餐4200日圓，加點還可升級飲料喝到飽。

蝦、蟹吃到飽套餐（2人以上），只要將端上桌的第一盤螃蟹吃完即可繼續加點。毛蟹不經過冷凍處理，從產地現撈現煮後直接送來，可享受最新鮮的好滋味。蝦、蟹的單品菜單也很豐富，吃再多也不會膩。

↑從窗戶還可欣賞薄野的夜景

えびかに合戦 札幌本店
‖薄野‖えびかにがっせんさっぽろほんてん
☎011-210-0411
⌂札幌市中央区南4西5 F-45ビル12F
🕐16:00～24:00 ㊡無休 Ⓟ無
‼地下鐵薄野站步行5分 MAP 21 D-4

- -

一家沉穩和風空間的大型專賣店，能吃到清晨才煮熟的毛蟹和本鱈場蟹等眾多螃蟹料理。螃蟹壽喜燒的絕妙好滋味，是使用了以大雪清水釀造出的特製醬油為基底的秘傳湯汁。從單品料理到螃蟹會席料理、全餐料理等菜單選擇一應俱全。

→釧路全餐9240日圓。
可同時大啖本鱈場蟹和松葉蟹的螃蟹壽喜燒全餐，
共10道菜

北海道かに将軍 札幌本店
‖薄野‖
ほっかいどうかにしょうぐんさっぽろほんてん
☎011-222-2588
⌂札幌市中央区南4西2
🕐11:00～22:00 ㊡無休 Ⓟ無
‼地下鐵薄野站即到 MAP 21 D-3

海膽和螃蟹的進貨得視天候而定

海膽和螃蟹會依海象的狀況而影響進貨量，所以請事先向店家做確認。尤其是人氣店家，有時也會發生食材用罄的情形。

可品嘗當令鮮魚的居酒屋，一到晚上總吸引許多當地人光顧。其中又以生海膽蓋飯（可外帶、需預約），現撈的甜美滋味深受好評。依季節會影響海膽的進貨量，所以最好事先預約。晚間的全餐料理和無菜單料理也都很推薦。

↑可在吧檯詢問當日的推薦菜，品嘗當季的料理

↑海膽蓋飯2400日圓～（視季節會有變動）

網元積丹港屋札幌すぎの

‖札幌站‖あみもとしゃこたんみなとやさっぽろすぎの

☎011-221-7999
🏠札幌市中央区北3西1 東芝ビルB1F
🕐11:00～13:30、16:00～21:30(10～5月11:30～13:00、17:00～21:30) 🈺週日、假日(夏天無休) Ｐ無
🍴JR札幌站步行6分 MAP 21 D-1

↑加了大量新鮮生海膽的無添加生海膽蓋飯2900日圓

由生海膽加工公司直營，不使用明礬等添加物，可品嘗到海膽的原始鮮味。除了丼飯外，焗烤海膽和有豐富道產魚貝類的濱燒也很有人氣。

函館うにむらかみ
日本生命札幌ビル店

‖札幌站‖はこだてうにむらかみ
にほんせいめいさっぽろビルてん

☎011-290-1000 🏠札幌市中央区北3西4 日本生命札幌ビルB1F
🕐11:30～13:45、17:30～21:30（週六、日、假日～20:45）🈺無休 Ｐ無 🍴JJR札幌站步行5分
MAP 21 D-2

↑將道產魚貝放在特製石板上燒烤享用的濱燒4900日圓

從新鮮魚貝到名產的乾貨都有
到薄野廣受好評的海鮮居酒屋嚐鮮

生魚片和炭火燒烤、火鍋、炸物。
以下介紹幾家食材講究、也很受當地人喜愛的居酒屋，
一次可品嚐多樣吃法，還備有多款當地酒品。

約30種類的牡蠣料理
北海道產的新鮮當令食材豐富

かきと旬鮮料理とおそば 開
‖大通‖かきとしゅんせんりょうりとおそばひらく

全年都可吃到北海道厚岸產的新鮮牡蠣。有堅持產地直送的多樣嚴選菜單，每月更替的限定菜色也絕不可錯過。手打蕎麥麵的特色將麵粉和北海道蕎麥粉以2：8比例混合，並以石臼研磨而成。

↑牡蠣排（5個）1500日圓，能品嚐到牡蠣的絕妙鮮甜滋味。↓還備有下嵌式暖爐桌的座位。

☎011-241-6166
⌂札幌市中央区南1西5 プレジデント松井ビル100 2F ⏰17:00～23:00
㊡週日（假日不定休）Ⓟ無
🍴地下鐵大通站步行3分 🗺21 D-3

採用非養殖鮮魚
還提供搭配預算的無菜單料理

海鮮まるだい亭
‖薄野‖かいせんまるだいてい

為製造、販售水產加工品的佐藤水產的直營店，可品嚐到從道內各地現撈的新鮮魚貝。米使用北海道產最高級米「ゆめぴりか」，蔬菜則盡可能使用有機栽種、低農藥產品。均可提供搭配預算的菜色組合。

↑當令生魚片拼盤3000日圓～。↓設有吧檯座，一個人也能輕鬆光顧。

☎011-210-7321
⌂札幌市中央区南4西5 F45ビル1・2F
⏰11:00～13:30、17:00～22:30
㊡無休 Ⓟ無 🍴地下鐵薄野站即到
🗺21 D-4

備有豐富的菜單
以及多款地酒、燒酎

やん衆居酒屋一鮮万漁
‖薄野‖やんしゅういざかやいっせんまんりょう

能品嚐當季的新鮮食材和價格便宜的地酒，生魚片和魚貝類的燒烤、炸物也很多樣。個性風的創作料以及視當日進貨食材每日更替的特選菜單也很有人氣。

↑北海拼盤1980日圓，新鮮的魚貝只有北海道才吃得到。↓吧檯座有14位子。

☎011-552-0707
⌂札幌市中央区南5西3 中銀三番館ビルB1F ⏰17:00～翌6:30(需預約)
㊡無休 Ⓟ無 🍴地下鐵薄野站步行3分
🗺21 D-4

在沉穩、時尚風格的店內享受奢華的時光

北の幸 海道

‖薄野‖きたのさちかいどう

可品嘗到新鮮魚貝和壽司、炭火燒烤、牛排等料理，滿足度很高的一家店。以發揮四季食材特色的和食為中心的道產全餐5000日圓～，尤其推薦。飲料的種類也很豐富。可在舒適的個室空間悠閒地享受北海美味。

↑全餐料理3500日圓～，有牛排和生魚片等多樣新鮮食材。↓沉穩氛圍的下嵌式暖爐桌座位。

☎011-281-4441 ⌂札幌市中央区南4西2 南4西2ビル5F
🕐17:00～23:30 休週日、假日
Ⓟ無 ‼地下鐵薄野站即到
MAP 21 E-3

份量滿點的北海道新鮮海味

豪快居酒屋 舟盛屋

‖薄野‖ごうかいいざかやふなもりや

是第一家採用豪華生魚片和小菜按照人數份量點餐的店。多出來的生魚片以另外計價的方式享用炸牡蠣或炒麵等料理，也可打包帶回家，所以就算吃不完也不用擔心。是喜歡吃魚的人絕不可錯過的店。

↑生魚片船1580日圓，裝盛有20種類的當令生魚片。↓下嵌式暖爐桌座位的周圍是半包廂式的房間。

☎011-531-5177 ⌂札幌市中央区南5西5 第2旭観光ビルB1F 🕐17:00～翌1:00（週五、六、假前日～翌4:00）休無休 Ⓟ無 ‼地下鐵薄野站步行5分 MAP 21 D-4

在雪國北海道也有豐富的美味地酒

在旭川、栗山、小樽、增毛等各地，擁有與煤礦業同樣興盛歷史的酒廠，如今依舊持續釀造出不少特色銘酒。可試著搭配料理來挑選酒款。

日本清酒的千歲鶴（大吟釀＋6） 吉翔

在札幌也設有藝廊的千歲鶴之名品。水質講究，以長期低溫方式釀造而成的酒。

大雪乃藏的絹雪（純米吟釀＋4）

全部使用旭川產的酒造好適米「吟風」所釀造，為香氣華麗的珍品。

小林酒造北斗隨想（純米吟釀＋5） 北の錦

老字號酒廠的甘口純米吟釀，是當地的杜氏追求真正的地酒，使用純北海道產的米和水所釀造而成的酒。

國稀酒造 國稀ろし（清酒＋10～12 北海鬼ころし）

汲取當寒山麓的天然湧水釀造、香氣濃郁的辛口酒。

※酒的種類會因店家而不同

點餐時最好先詢問店家現在的當令魚產為何。

每嘗一口嘴角就會不自覺地上揚
在優雅的空間內享用頂級和食

享用頂級食材的頂級料理…。
在食材豐富的北海道，體會和食的精髓。
以下嚴選出幾家可品嘗季節風味的餐廳。

晚間全餐／每月更替5500日圓～

全餐／7000日圓～

邊眺望日本庭園，邊享用新風格的和食
エルムガーデン

‖圓山‖

位於藻岩山麓的住宅區、擁有寬廣庭園的店家。可邊欣賞美麗的日本庭園，同時品嘗漂亮裝盤的和食饗宴。食材均由料理長親自到生產地選購，從味道到生產過程都很講究。午餐2800日圓～。

☎011-551-0707
🏠札幌市中央区南13西23
🕐11:30～13:30(僅平日)、18:00～20:30(需預約)
休 週二　P 有
🍴地下鐵圓山公園站搭車7分
MAP 18 B-3

1 色彩豐富的新風格和食
2 可一望美麗的庭園
3 有時會以日本庭園為背景舉辦可欣賞日本舞蹈的「野舞午餐」

同時享受薄野的夜景和美味的和食
うさぎや

‖薄野‖

以北海道產的當令魚貝和低農藥蔬菜裝盛的料理，享受極致幸福的好滋味。沉穩的氛圍，讓人幾乎都忘了身處於大樓內。料理的色彩繽紛，口感優雅。女老闆的纖細品味正是魅力所在。

☎011-221-2728
🏠札幌市中央区南3西3 プレイタウンふじ井ビル9F
🕐18:00～24:00　休 週日
P 無　🍴地下鐵薄野站步行3分
MAP 21 D-3

1 全餐7000日圓～。。手工甜點也很有人氣
2 吸引許多女性族群的常客
3 迎接顧客上門的店家吉祥兔

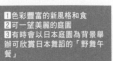

用餐後前往可欣賞美麗夜景的酒吧
從「エルムガーデン」往藻岩山麓通走，街道上可欣賞夜景的酒吧和蛋糕店等店家比鄰而立。

全餐 / 5000日圓～

在靜謐氛圍的個室品嘗美食
和ダイニング 北の夢祥

‖薄野‖わダイニングきたのむしょう

以北海道為中心嚴選全國各地食材，發揮食材原始風味的高雅料理為該店的得意之作。全餐料理5000日圓～，也可單點。搭配料理的酒款也很豐富，能在氣氛舒適的個室內悠閒享受用餐的樂趣。

❶使用嚴選食材的獨特創作和食
❷在寬敞的個室裡悠閒用餐
❸充滿私房餐廳般的氛圍

☎011-512-6400
⌂札幌市中央区南5西3 第35桂和ビル4F
㉔週日 Ⓟ無
⏰18:00～翌4:00
‼地下鐵薄野站步行3分
MAP 21 D-4

全餐 / 8400日圓～

以道地懷石料理享用老字號旅館的美味
茶寮 瀧乃家

‖中島公園‖さりょうたきのや

登別溫泉裡以料理美味聞名的老字號旅館「滝乃家」設計經營的懷石料理餐廳。位於遠離鬧區薄野喧囂的鴨鴨川旁，建築物十分沉穩而有格調。可以享用到重視季節而且十分美觀的料理。

❶在傳統的技術之外，再加上主廚個性的出色演出和味道
❷空間寬敞舒適的時尚店內
❸高級感中的高雅氛圍

☎011-530-3322
⌂札幌市中央区南8西3-6-1 五十嵐ビル1F
⏰17:00～22:00（需預約）
㉔週日、是假日的週一 Ⓟ有
‼地下鐵中島公園站步行3分
MAP 19 C-3

在「うさぎや」點全餐料理比較划算，甜點也很好吃喔。

在木質芬香、涼爽宜人的和風空間
細細品嘗特產酒和壽司

鮮度、食材的豐富、職人的手藝，
每一樣都具備的北海道壽司讓人印象深刻。
職人巧手捏製的鮮美海味口口都品嘗得到。

菜單

主廚推薦的壽司和料理
（前菜·生魚片·小菜·味噌
湯·壽司13個·甜點）
15750日圓

無菜單壽司（當令）
（壽司13個·小菜·味噌
湯·甜點）8400日圓

頂級的食材、嫻熟的技巧，優雅的待客服務

すし善本店 ‖圓山‖ すしぜんほんてん

位於北海道神宮所在的閑靜
圓山一帶、茶室建築樣式的
名店。在安靜、沉穩氛圍的
店內，能品嘗到當令的北海
道產近海魚貝，以及從產地
精選頂級天然素材的醋飯。
襯托出壽司風味的海苔、
茶、芥末、薑、醃漬醬油、
筷子等也都是精挑細選，還

備有最適合搭配壽司享用的
日本酒「雪の華」。與充滿
四季風情的器皿也巧妙地融
合為一體，能感受片刻的極
致幸福。

↑無菜單壽司3465
日圓（10貫、午
餐）、5250日圓
（12貫、晚餐）
→總檜木建築的店
內，設有3個吧檯

☎011-612-0068 ⌂札幌市中央区北1西27
🕐11:00〜15:00、17:00〜21:30（需預約）🈺週一 🅿有
🚩地下鐵圓山公園站即到 MAP 71

48

無菜單料理其實並不貴？

夏天積丹的海水海膽、函館的花枝、日本海的比目魚，冬天厚岸的生牡蠣、鄂霍次克的扇貝等當令食材會依產地和季節而變化，因此點無菜單料理的人有時反而能吃到珍貴的食材。

以讓新鮮的魚更美味、客人更滿足為信念

すし屋のさい藤 ‖薄野‖ すしやのさいとう

使用北海道近海產食材所製作的握壽司很有人氣，其中又以鮪魚為最。依季節變換的無菜單料理以及推薦的單品料理都很受女性顧客的好評。若事先預約整隻螃蟹也能如常供應。

菜單
任選握壽司
1貫300日圓～
北海幸握壽司(10貫・
小菜・生魚片)6300日圓

無菜單握壽司（10貫）3675日圓

☎011-513-2622 ⌂札幌市中央区南6西4 プラザ6・4ビル1F
🕐17:00～24:00 🈺週日、假日（5～8月不定期休） Ⓟ無
🍴地下鐵薄野站步行6分 ▥ᴀᴘ 21 D-4

除了一個人也能輕鬆入店的吧檯座外，還備有包廂房間

享用蝦夷前和江戶前壽司的奢侈片刻

鮨 田なべ ‖薄野‖ すしたなべ

設計簡單卻很有風格的店內，能品嘗到蝦夷前和江戶前壽司。除了北海道產的新鮮食材外，還有從道外採購而來的頂級魚貝。飲料方面，則備有日本酒、啤酒、香檳、葡萄酒和梅酒等。

菜單
無菜單握壽司
6850日圓・8950日圓
無菜單全餐 8950日圓・
11500日圓・13800日圓

會依當天進貨的食材變換內容的無菜單全餐8950日圓～

整潔的店內。即使女性單獨前來用餐也很舒適的檜木吧檯座

☎011-520-2202
⌂札幌市中央区南5西3 ニューブルーナイルビル2F
🕐17:00～22:00（假日～21:00） 🈺週日（連假時有臨時休）
Ⓟ無 🍴地下鐵薄野站步行5分 ▥ᴀᴘ 21 D-4

「すし善」在大丸札幌店 ▥ᴀᴘ 21 D-1也有分店。

到實力派的迴轉壽司
大啖北海道的新鮮魚貝

北海道的迴轉壽司除了新鮮度沒話說之外，食材份量大且價錢合理。
北寄貝和秋鮭、牡蠣、白子、蟹卵…。
隨著季節更換的推薦菜單和螃蟹湯也很有人氣。

秋刀魚、扇貝、螃蟹
以北海道東產的新鮮魚貝為主

生扇貝（左上）315日圓，鮭魚碎肉軍艦壽司（中央）136日圓，花開蟹鐵砲汁（右上）273日圓

回転寿司根室花まる
‖札幌站‖かいてんずしねむろはなまる

以根室本店和小樽為首，匯集日本全國的當令食材。尤其千萬別錯過在大黑板上所寫的當日推薦食材。與JR札幌站直接連結的札幌STELLAR PLACE內也設有分店。

☎011-512-8003
⌂札幌市中央区北25西14
⏰11:00～22:00 ㊡不定休 Ｐ有
‼從市電電車事業所站步行5分
MAP 18 B-3

由正職師傅親手捏製的
正統派迴轉壽司

牡蠣（左420日圓）等當令食材種類齊全

和風回転ずし 扇
‖中島公園‖わふうかいてんずしおうぎ

店內轉盤的盤子上只擺放寫著食材名稱的紙牌。顧客看到後再點菜，因此能品嘗到新鮮現握的壽司。推薦可嘗試厚岸產的牡蠣等稀有當令食材。1盤130日圓～。

☎011-563-3730 ⌂札幌市中央区南11西11
⏰11:30～14:00、16:00～21:00（週六、日11:30～21:30，若食材用盡則停止營業）㊡週一（遇假日則翌日休）Ｐ有 ‼從市電西線11條站步行8分 MAP 18 B-3

在悠閒的和風店內
品嘗北海道的新鮮食材

炙鮭魚（左上）189日圓，柚子鹽風味的小卷（中央）136日圓，活粒貝（右上）273日圓

鮨処なごやか亭福住店
‖南部‖すしどころなごやかていふくずみてん

堅持只使用以釧路為中心的道東漁場所直送的當季特有食材。不僅品項豐富，還有許多如沾山葵和柚子鹽食用的創新菜色。寬敞的店內充滿讓人放鬆的氛圍。

☎011-836-5550
⌂札幌市豐平区福住3-4
⏰11:00～22:00 ㊡無休 Ｐ有
‼地下鐵福住站步行10分
MAP 19 D-4

不會迴轉的市區壽司店四季花まる時計台店

在時計台大樓的1樓，有間由迴轉壽司「花まる」所開設、不會迴轉的壽司店。並備有符合商業街風格的午間商業套餐。 MAP 21 D-2

醋飯與食材間均衡搭配
以便宜價格即可品嚐新鮮魚貝

鹽燒鮭魚肚（左上）231日圓。鮭魚（中央）136日圓。生北寄貝（右上）273日圓

回転寿しトリトン伏古店

‖北部‖ かいてんずしトリトンふしこてん

一到週末總是大排長龍的人氣店。從道內的漁港直送而來的魚貝，鮮度、品質和份量都是該店最大的賣點。大小適中的握壽司，讓女性顧客也能方便食用。另外也致力於開發各種獨創創菜色。

☎011-782-5555 ⌂札幌市東區伏古8-2
🕚11:00〜22:00 🈚無休 🅿有 🚇地下鐵北24條搭中央巴士往東營業所方向13分，於伏古7條3丁目下車即到 MAP 19 D-1

位於JR札幌站附近
自豪的大份量食材

牡丹蝦（正前方）380日圓，選擇豐富令人開心

廻転ずしとっぴー北海道札幌エスタ店

‖札幌站‖ かいてんずしとっぴーほっかいどうさっぽろエスタてん

份量十足的新鮮食材與合理價格為其魅力所在。壽司盤分為105日圓、130日圓、240日圓和380日圓4種類。使用當令食材的季節限定菜單，也絕不可錯過。

☎011-271-6720
⌂札幌市中央区北5西2 札幌エスタ10F
🕚11:00〜22:00 🈚無休 🅿有
🚉JR札幌站即到 MAP 21 D-1

水產公司的直營店
女性單獨一人也能安心前往

一盤100日圓〜可吃到價格合理的新鮮當令食材

魚一心すすきのラフィラ店

‖薄野‖ さかないっしんすすきのラフィラてん

為水產公司的直營店，因此食材有一定的評價。由於附近環境的緣故有不少隻身前來的女性顧客，所以醋飯和茶皆堅持使用日本國內產，海鮮沙拉和甜點的選項也很豐富。

☎011-518-7177 ⌂札幌市中央区南4西3
すすきのラフィラB2F
🕙10:00〜21:00 🈚不定休 🅿有
🚇與地下鐵薄野站直接連結 MAP 21 D-4

北海道的壽司食材
推薦BEST 5

被日本海、鄂霍次克海和太平洋所環繞的北海道，捕撈的漁獲和季節也會因各個漁場而有所不同。不妨直接向料理師傅詢問現在最美味的食材是哪一種。

1 鮭魚
北海道特有的肥美秋鮭和時鮭

2 海膽
夏季解禁時期的海膽有著濃郁的甘甜美味

3 花枝
函館產的槍烏賊與柚子鹽搭配出清爽的風味

4 秋刀魚
根室產的當季秋刀魚肉質肥美、鮮度超群

5 北寄貝
北寄貝在咀嚼間還能感受到海味

也可以將迴轉壽司外帶回家喔！

湯頭和麵條都出自店家的精心製作
以下是推薦的幾家話題拉麵店

說到札幌，最想嘗試一次的莫過於拉麵了。
聚集了麵條和湯頭皆屬個性派的大排長龍人氣店。
還有季節限定菜單等意想不到的口味也很讓人期待。

味噌拉麵

人氣的味噌拉麵是由大蒜、蔬菜和味噌焙煎提味，粗麵與切塊的叉燒也極為對味。可搭配專為すみれ拉麵店特製、以天然水釀造的大沼啤酒一起享用。

↑味噌拉麵850日圓。獨特並充滿層次的口感，再加上蔥花的清爽提味

1964（昭和39）年創業的傳統口味，以豚骨湯底加上佐渡的紅味噌和白味噌調製而成。可另外點購的雞蛋麵充滿濃厚、個性的口感。也有販售自製特色風味的筍絲和叉燒。

↑味噌拉麵800日圓，生薑散發出優雅的香氣
↓吧檯座有9席

すみれ札幌本店
‖ **中之島** ‖ すみれさっぽろほんてん
☎011-824-5655
⚲札幌市豊平区中の島2-4
🕐11:00～21:00 ㊡不定休
Ⓟ有
‼地下鐵中之島站步行10分
ᴹᴬᴾ 19 C-3

さっぽろ純連
‖ **南部** ‖ さっぽろじゅんれん
☎011-842-2844
⚲札幌市豊平区平岸2-17 純連ビル1F 🕐11:00～22:00
㊡無休 Ⓟ有
‼地下鐵澄川站步行5分
ᴹᴬᴾ 19 C-4

同時身兼創作料理人的店主所製作出的拉麵，在豚骨和雞骨熬煮的湯頭中隱約散發著蔬菜的清爽甘甜。使用麥味噌和玄米味噌等3種味噌調製的湯底，風味濃郁、口感極佳。

↑從店門一開就絡繹不絕的排隊人潮

札幌すすきの
味噌ラーメン専門店 にとりのけやき
‖ **薄野** ‖ さっぽろすすきのみそラーメンせんもんてんにとりのけやき

☎011-552-4601 ⚲札幌市中央区南6西3仲通り
🕐10:30～翌4:00（週日、假日～翌3:00）㊡無休 Ⓟ無
‼地下鐵薄野站步行3分 ᴹᴬᴾ 21 D-4

↑味噌拉麵850日圓，風味絕佳的清澄湯頭與粗麵極為對味

↑龍舟麵850日圓。添加可食用的當季植物花瓣，配色也相當美觀。清爽的鹽味也頗受女性客群的好評

龍舟麵（鹽味）
りゅうしゅうめん

利用冰溫熟成的獨創技術帶出食材原有的甘甜，不添加化學調味料和油、使用伏流水與低農藥蔬菜烹煮出有益健康的美味料理。以有田燒的瓷碗裝盛拉麵享用，能一窺店家的獨特性。

ラーメン專門店玄咲
‖南部‖ラーメンせんもんてんげんさく
☎011-855-6621
⌂札幌市豐平區月寒中央通11-4 ⏰11:00～24:00
㊡無休 🅿有 🚇地下鐵福住站即到 MAP 19 D-4

醬油拉麵

用豬大骨和五花肉、香味蔬菜等食材大火熬煮約12小時才完成的高湯，加上店家的秘製醬汁組合而成的湯頭口感均衡，與粗卷麵條也很搭。清爽的湯頭也很受女性顧客的歡迎。

↑醬油拉麵788日圓，上頭浮著豬油的白濁湯頭口感香醇
↓充滿懷舊氛圍的吧檯座

らーめんてつや 南7条本店
‖大通西部‖らーめんてつやみなみななじょうほんてん
☎011-563-0005
⌂札幌市中央區南7西12
⏰11:00～翌3:00 ㊡週三（遇假日則翌日休）🅿有 🚃從市電西線6條站步行5分 MAP 18 B-3

聚集了北海道各地名店的 札幌拉麵共和國

與JR札幌站直接連結、交通便利的拉麵據點。札幌市內大排長龍的人氣店，以及函館、旭川的名店都齊聚在這個懷舊的空間裡。除了北海道內各地的著名拉麵外，還設有販售北海道特產的伴手禮店。

↑白樺山莊
味噌拉麵780日圓
香味四溢的味噌風味，很受女性顧客的青睞

札幌ら～めん共和国
‖札幌站‖さっぽろらーめんきょうわこく
☎011-213-2010（ESTA）
⌂札幌市中央區北5西2 エスタ10F ⏰11:00～21:45 ㊡無休
🎫入場免費 🅿有
🚉與JR札幌站直接連結 MAP 21 D-1

「札幌拉麵共和國」會於每月投票選出「拉麵王」。

不可錯過的札幌啤酒園
享用工廠直送的現釀啤酒

不只空氣乾燥的夏天，北海道全年均可暢飲美味的啤酒。
成吉思汗烤肉和起司等下酒菜也很豐富。
在啤酒的故鄉乾一杯吧！

1腹地內就有餐廳，可邊暢飲啤酒邊用餐 **2**現釀啤酒喝來特別美味 **3**サッポロビール園內著名的凱塞路大廳 **4**典雅的紅磚建築物已被選定為北海道遺產

サッポロビール園
‖北部‖サッポロビールえん

在廣大腹地內設有可瞭解三寶樂啤酒的歷史和啤酒相關知識的「サッポロビール博物館」以及紅磚建築的餐廳、戶外啤酒屋，可盡情大啖成吉思汗烤肉和啤酒。著名的羊肉自助餐3770日圓（100分鐘吃到飽、喝到飽）。

☎0120-150-550（サッポロビール園預約中心）
🏠札幌市東區北7東9
🕐11:30～22:00
🈳無休 🅿有
🍴JR札幌站北口有巴士運行（200日圓），或JR札幌站北口搭車8分
MAP 19 C-2

54

到Ario札幌購物

與「札幌啤酒園」鄰接的購物中心「Ario札幌」內，有六花亭等甜點店和餐廳之類的店家進駐。
MAP 19 C-2

↑壽司與四大螃蟹組合的豪邁全餐5800日圓（90分鐘吃到飽）

能喝到札幌工廠購物中心限定的在地啤酒等美味生啤。館內為典雅的紅磚建築。除了成吉思汗生羊肉吃到飽外，還有壽司、四大螃蟹組合的全餐等北海道特有料理可選擇。

紅磚建築物是以前サッポロビール工廠的倉庫，被稱為隧道的拱型天井相當特別

ビヤケラー札幌開拓使

‖東部‖ ビヤケラーさっぽろかいたくし

☎011-207-5555 🏠札幌市中央区北2東4 サッポロファクトリーレンガ館1F ⏰11:00～22:00 ㊡不定期休 Ｐ有
🍴地下鐵巴士中心前站步行5分 MAP 19 C-2

札幌市內唯一由工廠直送的SUPER DRY，喝起來別有一番滋味。可選擇成吉思汗烤羊肉吃到飽或是北海道特有的花枝、鮭魚、蝦等新鮮海味的套餐、單品料理，菜單豐富多樣。

↑成吉思汗烤羊肉吃到飽120分鐘2250日圓

アサヒビール園
白石はまなす館

‖東部‖ アサヒビールえんしろいしはまなすかん

☎011-863-5251
🏠札幌市白石区南郷通4南1
⏰11:30～21:30（冬天17:00～）㊡無休 Ｐ有
🍴地下鐵南郷7丁目站步行7分
MAP 19 D-3

1樓是螃蟹料理和壽司的蟹問屋，2、3樓則是主要的啤酒屋。11m高的挑高設計、開放感十足，可盡情享受成吉思汗烤肉和工廠直送的桶裝生啤。備有白老產黑毛和牛以及眾多北海道產食材。

↑成吉思汗生羊肉吃到飽100分鐘2200日圓

キリンビール園
本館中島公園店

‖中島公園‖
キリンビールえんほんかんなかじまこうえんてん

☎011-533-3000
🏠札幌市中央区南10西1
⏰11:30～22:00
㊡無休 Ｐ有
🍴地下鐵中島公園站即到
MAP 19 C-3

「キリンビール園本館中島公園店」的頂樓，是夏天札幌煙火大會時的絕佳觀景點。

道地的羊肉料理
以成吉思汗烤肉和羊排來享用

北海道有著興盛的養羊業，羊肉料理也豐富。
除了沾用獨家沾醬享用的成吉思汗烤肉之外，
羊排和羊肉腸等的羊肉料理也不容錯過。

在洗練的空間裡享用
美味的成吉思汗烤肉

除了將肉熟成幾天後提供的成
吉思汗烤肉之外，使用穀物飼
育的薩福克羊精選小羊肉1490
日圓，以及小羊舌鹽燒880日圓
等也是罕見的美味。女性可以
一人享用的「おひとりさま限定
プラン」1260日圓～也受歡迎。

←鹽烤羊肉
880日圓

↑梅花肉的成吉思汗烤肉780日圓是
最受歡迎的菜色
→店內簡約設計風格，女性也容易入
內享用

ひげのうし
‖薄野‖

☎011-281-2980
⌂札幌市中央区南3西5
🕐17:00～翌1:00（週日、假日～24:00）
㊡不定休 🅿無 🍴地下鐵大通站步行5分
MAP 21 D-3

→小羊排 250g4725日圓
沒有羶味的柔順美味博得好評

↑羊腿排
250g4725日圓

稀有的北海道產羊肉
只有這裡才吃得到

曾在洞爺湖高峰會議中作為主餐亮
相、有產銷履歷驗證的安全、安心
羊肉，均以一整頭羊為單位採購進
貨。能品嘗在別的地方很難有機會
吃到的內臟料理等多樣料理。

北海道白糠產仔羊料理
サフォーク 大地
‖薄野‖ほっかいどうしらぬかさん
こひつじりょうサフォークだいち

☎011-511-9653 ⌂札幌市中央区南5
西2 美松村岡ビル3F 🕐18:00～21:00
㊡週日、假日 🅿無 🍴地下鐵豐水薄
野站即到 MAP 21 E-4

↑頂級成吉思汗烤肉蓋飯850日圓，午餐限定
↓品嘗名店特製醃醬的成吉思汗烤肉風味

以秘傳醬料聞名的松尾成吉思汗烤肉直營店

以蘋果和洋蔥為主要原料的特製醬料先醃製過的成吉思汗烤肉，起源於北海道的瀧川市。嚴選自產地的鮮嫩多汁羊肉，從1頭羔羊身上僅能取出700g的肋脊肉1380日圓也是推薦菜。

まつじん 札幌南1条店
‖**大通**‖まつじんさっぽろみなみいちじょうてん
☎011-219-2989
⌂札幌市中央区南1西4 南舘ビル1F
🕐11:00～15:00、17:00～23:30 ㊡無休 Ⓟ無
‖地下鐵大通站即到 ⅯⱭⱣ21 D-3

能提出肉質鮮美的特製法式醬料

以樹木新芽和海草飼養羊群、肉質柔嫩廣受好評的冰島產的生羊肉。有自己一套獨特的吃法，店內的工作人員會先教客人燒烤方式，烤好的肉片再沾上特製法式醬料享用。也吃得到羊肉刺身。

ラムハウスケケレ
‖**大通西部**‖
☎011-611-0299 ⌂札幌市中央区大通西16
🕐11:30～14:00、17:00～22:00 ㊡週一（僅午餐營業）
Ⓟ有 ‖地下鐵西18丁目站步行3分 ⅯⱭⱣ20 A-3

←自家製羊肉香腸也是出自主廚之手，1盤570日圓

↓成吉思汗烤羊肉
1人份770日圓

吃成吉思汗烤肉時衣服會吸附味道，建議最好穿休閒服前往。

札幌是湯咖哩的發源地
滿滿的蔬菜正是人氣的秘密

已成為全國性料理的湯咖哩。
札幌是各店湯頭和配料一較高下的湯咖哩激戰區。
不論夏天或冬天都很受歡迎的料理，請務必來嘗嘗看。

曼荼羅サクッとハーブチキン 980日圓
(まんだら)

→草莓拉西300日圓。吃得
到草莓果肉，餘味清爽
↓也備有吧檯座

VOYAGE
‖北部‖ヴォイジュ

咖哩的湯可從熱門的清爽風
味和每週更替的2種類中挑
選。點餐後才調配的新鮮香
料和雞湯、大骨熬煮而成的
清湯風味濃郁，與添加的豐
富配料口感極搭。

☎011-758-2500
⌂札幌市北区北22西5
🕐11:30～22:45 休無休
P有 地下鐵北24條站
步行3分
MAP 19 C-1

ピカンディスペシャル 980日圓

→入口即化的綿密布丁
（右）250日圓、蘭姆葡萄
布丁（左）300日圓

PICANTE
‖北部‖ピカンティ

以突顯出魚鮮味出來的日式
口味「開闢」為基本款，此
外，還備有命名方式很特別
的湯品每日替換。除了有多
種食材可供挑選之外，配料
也很多元而豐富。

☎011-737-1600
⌂札幌市北区北13西3
🕐11:30～22:45 休無休
P有 地下鐵北12條站
步行5分
MAP 19 C-2

湯咖哩的食用方式

有「用湯匙舀飯浸到湯裡」「將飯放入湯裡」等各種說法，但並無一定的規定。

らっきょスペシャル 1600日圓

→份量恰到好處的雞肉咖哩950日圓，可吃得到美味的雞腿
↓舒適的家庭式氛圍

札幌らっきょ本店

‖西部‖さっぽろらっきょほんてん

以豬骨和牛骨、蔬菜熬煮10小時，再加上25種類香料製成的湯頭深獲好評。除了熱門菜單外，還提供每月更替和每季限定使用當令食材的咖哩。湯咖哩調理包也很受歡迎。

☎011-642-6903
⌂札幌市西區琴似1-1 カピティーヌ琴似1F
🕐11:30～22:00 休第3個週三
🅿有(有契約停車場) 🚃JR琴似站步行5分 MAP 18 B-2

北恵道&涅槃 1260日圓
（ほっけいどう）（ねはん）

→紅豆年糕湯450日圓，黑糖、地瓜、湯圓吃在口中有股清涼感
↓亞洲風格設計的店內

マジックスパイス

‖東部‖

為命名湯咖哩而眾所周知的名店。「覺醒」「涅槃」等7等級的辣度，辣度越高濃郁度和爽快度也會增加。札幌店中還有東京、大阪、名古屋等分店沒有的「聖地札幌限定菜單」。

☎011-864-8800
⌂札幌市白石區本郷通8南6
🕐11:00～15:00、17:30～22:00
（週六、日、假日11:00～22:00）
休週三、四 🅿有 🚃地下鐵南郷7丁目站即到 MAP 19 D-3

也有販售湯咖哩調理包，可試著在百貨公司地下樓等場所找找。

將新鮮蔬菜和魚貝以醬汁提味
品嘗極致的法國菜

使用北海道食材烹煮而成的迷人料理
搭配香檳或紅酒一起細細品味。
享受片刻的幸福時光！

品嘗使用北海道食材的法國菜

午餐2425日圓～　晚餐6063日圓～

1 晚餐的主菜是鮑魚排
2 桌位有以水藍和白色為基調，或是溫暖粉紅色系的兩個區域可選擇

1

佇立於住宅區的隱密名店

レストラン虫狩
‖西部‖レストランむしかり

佇立於住宅區的磚瓦色外觀相當醒目。中午使用新鮮魚貝和多彩蔬菜的午間全餐很有人氣，晚餐登場的主菜則是蘊藏極致美味的滑嫩鮑魚排。與嚴選料理搭配的葡萄酒也一應俱全，可在沈靜放鬆的氛圍中享受美好的用餐時光。

☎011-513-3103
🏠札幌市中央区南15西18
🕐11:30～14:30、17:30～22:00(需預約) 困週三 ℗有
🍴從市電西線14條站步行7分，或地下鐵圓山公園站搭車10分 MAP 18 B-3

60

若到了Prés Vert也可順道來這裡

「Prés Vert」所在大樓的2樓有間紅茶專賣店「石渡紅茶」，1樓則有蛋糕美味的「プティ・ショコラ」，都相當有人氣。
MAP 20 B-3

午餐2772日圓〜　晩餐6468日圓〜

Le Gentilhomme

‖薄野‖ルジャンティオム

深受札幌當地財經界人士喜愛的實力派法國餐廳。全餐料理是從嚴選食材當中挑選主菜，再交由主廚決定料理方式。葡萄酒單中也不乏各種高級酒款。

☎011-531-2251
⌂札幌市中央区南4西8 サンプラーザ札幌1F
🕐11:30〜14:30、17:30〜21:30
㊡週二 🅿有
🍴地下鐵薄野站步行8分
MAP 21 C-4

❶挑選的食材將會以何種調理方式端上桌也很讓人期待 ❷沉穩氛圍的餐廳。建議事前預約為佳

午餐1575日圓〜　晩餐3675日圓〜

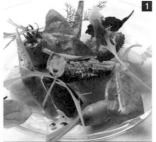

Près Vert

‖大通西部‖プレヴェール

可以品嘗到以北海道蔬菜為中心的南法普羅旺斯風創作料理，蔬菜的美味超群。能一望大通公園的窗外景色與色彩豐富的料理，身心都能獲得滿足。

☎011-261-1105
⌂札幌市中央区大通西14 デラ・ファーストビル4F 🕐11:30〜14:00、18:00〜20:30
㊡週一 🅿有
🍴地下鐵西11丁目站步行8分
MAP 20 B-3

❶使用大量的蔬菜相當健康 ❷白天從窗外灑落進來的陽光讓店內呈現出明亮的氛圍

午餐1800日圓〜　晩餐4000日圓〜

フレンチレストラン カザマ

‖大通西部‖

以溫暖的用餐氣氛和美味料理迎接顧客上門的法國小餐館。從前菜到使用新鮮魚貝的主菜，甚至是甜點都讓人讚不絕口。

☎011-272-1012
⌂札幌市中央区南2西12 パシフィック三和ビル1F 🕐12:00〜13:30、18:00〜21:00
㊡週三、第3個週二 🅿有
🍴地下鐵西11丁目站步行8分
MAP 20 B-3

❶主廚親自採買的魚貝口感高雅 ❷能感受到主廚和女老闆的待客心意

「レストラン虫狩」的位置有點難找，可先向店家詢問前往方式。

品嘗以濃郁起司和新鮮食材調理的
時尚義大利菜

使用大量的當地食材，
超乎想像的美味蔬菜。
札幌的義大利菜讓旅人的心獲得滿足。

享受北海道食材的魅力

Via BRERA
‖薄野‖ヴィアブレラ

磚瓦裝潢的店內充滿大人的氛圍

能品嘗使用嚴選北海道食材所烹煮而成的義大利菜。開放式的用餐環境，讓女性顧客也能輕鬆享用。除了用餐外，還能細細品味種類豐富的葡萄酒。午間全餐的份量十足。

menu
午間全餐
1000日圓〜

北海道生海膽義大利
2000日圓

各種蔬菜佐義大利大蒜
鯷魚沾醬　1000日圓

☎011-887-7381
⌂札幌市中央区南3西2 KT三条ビル1F
🕐11:30〜14:00、18:00〜23:00
㊡週日 Ｐ無 🍴地下鐵豐水薄野站即到
MAP 21 D-3

碳火燒烤的十勝沙朗牛排2800日圓

能輕鬆享用窯烤披薩等餐點

Trattoria Pizzeria Terzina
‖東部‖トラットリアピッツェリアテルツィーナ

厚重氛圍的紅磚建築店內

可在紅磚建築的館內享用以柴火窯烤的羅馬風味披薩，以及利用北海道當令食材烹煮而成的義大利菜。酒類除了葡萄酒之外，還有生啤酒可供選擇。也很推薦本日義大利麵。

menu
披薩
1450日圓

義大利麵
1350日圓

前菜拼盤
1350日圓

☎011-221-3314
⌂札幌市中央区北2東4 サッポロファクトリーレンガ館1F
🕐11:00〜14:30、17:00〜21:30
㊡不定期休 Ｐ有 🍴地下鐵巴士中心前站步行5分
MAP 19 C-2

義式馬鈴薯麵疙瘩和長手蝦佐奶油番茄醬汁1350日圓

到札幌工廠購物中心逛逛吧

「Trattoria Pizzeria Terzina」所在的札幌工廠購物中心，是一座有電影院、商店和餐廳等進駐的複合商業設施。很推薦來這裡逛逛。 **MAP** 19 C-2

札幌／時尚義大利菜

商務街上的午餐名店
イタリア料理 オリゾンテ
‖**大通**‖イタリアりょうりオリゾンテ

相當適合女性顧客的可愛店家
Sapporini
‖**東部**‖サッポリーニ

店內駐有連續3年參加世界披薩大賽的主廚。除了多樣口味的披薩以外，使用北海道當令食材的義大利麵和店家推薦的單品料理也很豐富。還提供價位合理的葡萄酒，是和朋友相約用餐的好去處。

使用大量木材裝潢的店內，同時擁有休閒感與沈穩氛圍

可愛的外觀和香氣四溢的店內，在女性客群中很有人氣。使用大量蔬菜的沙拉、新鮮魚貝和甜點等料理，每一道皆能感受到主廚的用心。店內用餐人數眾多，建議事先預約為佳。

溫暖風格的店家很受女性顧客的歡迎

menu

瑪格麗特披薩
1200日圓

世界大賽登場的披薩
05.06.07 1780日圓~

漁夫風格的番茄燉煮整尾
鮮魚 2000日圓~

☎011-222-0021
⌂札幌市中央区南2西5 南2西5ビル1F
🕐11:30~14:30・17:00~22:15
㊡無休 🅿無
‼地下鐵大通站步行5分
MAP 21 D-3

menu

單品料理
1050日圓

松坂豬排 1380日圓~

義大利麵 1050日圓~

☎011-241-5800
⌂札幌市中央区北2東7
🕐18:00~22:00
㊡週三、第1個週四 🅿無
‼地下鐵巴士中心前站步行10分
MAP 19 C-2

香氣四溢的柴燒窯烤披薩1200日圓~

以大盤裝盛義式臘腸、生火腿和起司的火腿拼盤1200日圓

Sapporini附近的永山記念公園內，有間北海道指定有形文化財的舊永山武四郎邸。

大自然培育出的乳製品產量豐富
來品嘗看看來自北方的嚴選甜點

北海道有許多使用大量乳製品的乳酪蛋糕、
濃醇口感的冰淇淋等甜點。
與美味的甜點相遇，也是旅行的樂趣之一。

A

↑備有每1家店3～5種左右的甜點

B

↑きのとや的鬆餅聖代650日圓，附咖啡或紅茶

A
さっぽろスイーツカフェ
‖大通‖

可品嘗到札幌市內與近郊6家人氣西
點店蛋糕的咖啡廳。出品店鋪每月有
5間以上輪替，因此每次去都能有新
發現。都可以外帶。

☎011-211-1541 ⌂札幌市中央区大通西2
さっぽろ地下街オーロラタウン内
⏰10:00～20:00 🈳無休
🅿無 ‼地下鐵大通站步行3分
ⓂⒶⓅ 21 D-2

店內食用OK

B
ビッセスイーツ
‖大通‖

如果是甜點愛好者絕對會想到此朝聖
一番。集合了きのとや、ペイストリース
ナップルズ、あまとう和月寒あんぱん
等6間札幌與北海道的知名甜點店。
可在自由入座的咖啡廳內享用。

☎視店鋪而異
⌂札幌市中央区大通西3 大通ビッセ1F
⏰10:00～20:00(部分店鋪8:00～21:00)
🈳無休 🅿無 ‼地下鐵大通站直通
ⓂⒶⓅ 21 D-2

店內食用OK

C
ISHIYA SHOP
‖大通‖イシヤショップ

位於面對大通公園大樓內，以「白色
戀人」聞名的石屋製菓自有商店。除
了著名的人氣商品之外，還有許多多
彩的杯裝蛋糕等。

☎011-231-1483
⌂札幌市中央区大通西4 札幌大通西4ビル1F
⏰10:00～19:00 🈳無休 🅿無
‼地下鐵大通站即到
ⓂⒶⓅ 21 D-2

這裡也買得到
白色戀人公園 🔖P.34

 還有Candy Labo和咖啡廳

札幌大通西4大樓裡除了「ISHIYA
SHOP」之外，還有「ISHIYA
CAFÉ」「Candy Labo」，很受甜
食控的喜愛。ⓂⒶⓅ 21 D-2

C

←クッキーズロイヤ
ル各136日圓、クッキ
ーズ各84日圓
細心烤製而成風味豐郁的
餅乾

每年選出的「札幌甜點」

「甜點王國札幌推動協議會」每年都會舉辦選拔會，選出最優秀的蛋糕和點心禮盒。2013年入選的是，「さっぽろ黑豆タルト（札幌黑豆塔）」「さっぽろ大通公園大豆クッキー（札幌大通公園大豆餅乾）」。獲選的甜點會公開食譜，由各店鋪發揮特色創作成為商品販售。

↑Maria Teresa 483日圓。使用最頂級的黑巧克力製成的甘納許，堆疊出口感滑順略帶苦味的巧克力蛋糕。為店內的人氣NO.1

D

↑Snow Royal特製香草冰淇淋680日圓。芳醇的香草搭配上濃郁的奶油融合出高雅的口感

E

D
ショコラティエマサール
‖西部‖

以巧克力聞名的甜點店。本店販售有巧克力、蛋糕和餅乾，可在此享用搭配義式濃縮咖啡的店內沙龍限定甜點。

☎011-551-7001
⌂札幌市中央区南11西18
🕐10:00～20:00（沙龍：10:00～18:00，甜點的點餐時間請再確認）㊡週二 Ⓟ有
‼市電西線11條通步行7分 MAP 18 B-3

店內食用OK　這裡也買得到
札幌三越 MAP 21 D-3
PASEO店（札幌市北区北6西2
PASEO WEST 1F）MAP 21 D-1

E
雪印パーラー
‖札幌站‖ゆきじるしパーラー

位於站前大街上的乳製品老鋪。除了招牌商品以外，還有季節限定的甜品可供選擇。能品嘗到口感濃醇甜美的香草冰淇淋。

☎011-251-3181
⌂札幌市中央区北3西3
🕐10:00～20:30 ㊡無休 Ⓟ無
‼JR札幌站即到
MAP 21 D-2

店內食用OK　這裡也買得到
札幌東急店
MAP 21 D-1

F
フルーツケーキ
ファクトリー総本店
‖大通‖フルーツケーキ
ファクトリーそうほんてん

在塔皮上加入各種水果、色彩繽紛的蛋糕很有人氣，店內隨時備有20種左右的口味。

☎011-251-0311
⌂札幌市中央区南1西4
🕐10:30～21:00 ㊡無休 Ⓟ無
‼地下鐵大通站即到 MAP 21 D-3

店內食用OK　這裡也買得到
ESTA店 MAP 21 D-1

↓草莓塔550日圓堅持只嚴選真正好吃的草莓製作

F

在ビッセスイーツ內也有些店鋪會販售附飲料的甜點優惠卷。

在有著溫暖感受的咖啡廳
享受沉浸在旅途餘韻的片刻

感受札幌特有建築外觀所散發的不可思議魅力，
品嘗香醇順口的咖啡和甜點，
在可坐下來放鬆片刻的咖啡廳品味旅途的餘韻。

位於二條市場對面
甜點美味的咖啡廳

↑有許多新店進駐的創成川EAST地區

←一蛋糕套餐（780日圓～）的咖啡有自然
原味和苦味（冰滴咖啡）可選擇

寿珈琲

‖大通‖ことぶきこーひー

充滿歐洲氣息的咖啡廳。雖然只有吧檯座6席、沙發桌位2席的小空間，但卻有著不可思議的放鬆感。為了搭配自家烘焙的咖啡，還自札幌市內的西點店精心挑選了甜點。享受甘甜美味的片刻，讓身心獲得療癒。也提供方便散步的咖啡外帶服務

☎011-303-1450 ⌂札幌市中央区南2東1 M's二条横丁1F ⏰9:00～24:00（週日、假日10:00～20:00) 🈶無休 🅿無
🍴地下鐵巴士中心前站步行5分 MAP 21 E-3

咖啡廳的2F也有販售雜貨

FAB cafe的2F有間名為「十一月」的小雜貨鋪，能買到在札幌當地人間也很有人氣的原創雜貨商品。

←南瓜布丁和烏龍茶套餐813日圓

←可翻閱雜誌度過悠閒時光

讓人輕鬆自在的舒適咖啡廳

↑蜂蜜檸檬戚風蛋糕367日圓

FAB cafe

‖大通‖ファブカフェ

每日手工製作的不同口味甜點很受歡迎的店。義大利麵、三明治、壺裝水果茶和花草茶等其他餐點選擇也相當豐富。

☎011-272-0128 ⌂札幌市中央区南2西8
🕐11:30～21:30（週日、假日～20:30）
㊡週一（遇假日則照常營業）
Ⓟ無 ‼地下鐵大通站步行7分
ᴍᴀᴩ21 C-3

TOKUMITSU COFFEE Cafe & Beans

‖大通‖トクミツコーヒーカフェアンドビーンズ

本店和烘焙工房就位於緊鄰札幌的石狩市。老闆會親自前往國外的農莊選購咖啡豆。品味咖啡的同時，還能飽覽窗外大通公園的美景。

☎011-281-1100
⌂札幌市中央区大通西3 大通ビッセ2F
🕐10:00～20:00 ㊡無休 Ⓟ無
‼地下鐵大通站即到 ᴍᴀᴩ21 D-2

↓沉穩氛圍的店內，隻身前往的客人的也不少

→BISSE綜合咖啡500日圓、乳酪蛋糕300日圓，若點套餐可折價50日圓

邊眺望大通景色邊品嘗咖啡和甜點

可同時享受流行服飾和雜貨樂趣的咖啡廳

←一進入店內就是咖啡廳的空間

↓熟成紅燴牛肉附白飯1200日圓

←從大片玻璃窗灑落進來的宜人光線

FAbULOUS

‖大通‖ファビュラス

集合了咖啡廳、流行服飾和家具設計等3種領域的個性商店。能坐在舒適的沙發上細細品嘗蛋糕和咖啡。

☎011-271-0310
⌂札幌市中央区南1東2 NKCビル1F
🕐11:00～21:00 ㊡不定期休 Ⓟ無
‼地下鐵巴士中心前站3號出口即到
ᴍᴀᴩ21 E-2

寿咖啡所在的M's大樓內還有時髦酒吧進駐。

成熟大人悠閒風的
夜景酒吧 & 餐廳酒吧

擁有190萬人口的札幌，夜景也很值得一看。
在能眺望夜景的酒吧或是料理美味的餐廳酒吧內，
靜靜享受片刻的悠閒時光吧！

以下介紹的都是女生單獨
一人也能輕鬆前往的店家。

1 一個人也能好好享受的吧檯座極具人氣 **2** 也提供三明治等輕食 **3** 除了雞尾酒之外，葡萄酒的選擇性也很豐富

窗外視野極佳的飯店酒吧
スカイラウンジ トップ オブ プリンス

‖大通西部‖

能夠同時享受從28樓看出去的夜景，以及品嘗世界名酒的飯店酒吧。由榮獲全日本雞尾酒大賽2連霸的調酒師調出來的雞尾酒，是獨家調配的配方，華麗而動人。另外推出各種不同的特惠方案，包含搭配前菜可以無限享用飲料的超值酒會專案等。不妨向親切而有禮貌的調酒師，詢問一下札幌和小樽的私房景點看看？

☎011-241-1111（代表號）
🏠札幌市中央区南2西11 札幌プリンスホテル28F
🕐17:30～23:00（週五、六～24:00・酒吧時段）
🈺無休 🅿有 🚇地下鐵西11丁目站步行3分 MAP 20 B-4

其他的夜景景點

在JR塔的展望室、電視塔、藻岩山和大倉山的展望台都能欣賞到夜景。

P.32

レストラン＆バーSKY J

‖札幌站‖レストランアンドバースカイジェイ

能品嘗到堅持只使用自產自銷的北海道食材創作出的風格洋食，同時還能欣賞夜景的餐廳＆酒吧。在爵士樂的伴襯下，享受地上150m處望出去的札幌市區，就像珠寶盒般閃耀著動人光芒。

☎011-251-6377 🏠札幌市中央区北5西2 JRタワーホテル日航札幌35F ⏰17:30～24:00 🈚無休 Ｐ有 🍴與JR札幌站直達 MAP 21 D-1

單杯葡萄酒600日圓～、瓶裝葡萄酒2800日圓～，各種雞尾酒1050日圓～。服務內容會因時段而異

ビストロ・ルプラ

‖薄野‖

札幌小餐館的先驅。以法國產的葡萄酒為中心，以及使用當令食材的料理特別受到女性顧客的好評。料理可單點分食享用。小巧舒適的店內散發著沉靜的大人氛圍。

☎011-562-6394 🏠札幌市中央区南7西2 ⏰18:00～22:00 🈚週二 Ｐ無 🍴地下鐵豐水薄野站步行4分 MAP 21 E-4

烤鴨肉3200日圓。享受柔嫩香甜的鴨肉搭配高香氣葡萄酒的絕佳相襯效果

BLANC

‖薄野‖ブラン

勃艮第產的酒款豐富多樣的葡萄酒吧。料理則是使用北海道新鮮食材烹調的法國菜。女性單獨一人也能輕鬆入店享用，但由於是人氣餐廳建議最好預約為佳。營業時間至深夜也很令人開心。

☎011-513-4060 🏠札幌市中央区南6西4ホワイトビル1F ⏰18:00～翌1:30(週日、假日～翌0:30) 🈚週一 Ｐ無 🍴地下鐵薄野站步行3分 MAP 21 D-4

有單杯葡萄酒730日圓～、單杯香檳940日圓～等杯裝酒類飲品。還有義式燉飯、本日推薦料理等豐富菜單選擇

札幌的酒吧通常也都備有美味的餐點，在品酒的同時也能享受用餐樂趣，因此相當受到女性顧客的歡迎。

在綠意盎然的圓山
悠閒漫步度過1天

位於札幌中心部附近，卻擁有豐沛大自然的圓山地區有許多景點。
可前往已指定為天然紀念物的森林中的動物園和神社閒逛，
讓一整天的身心都煥然一新。

3

整個繞上一圈
270分
推薦時段

光是圓山公園和動物園至少就需要3小時。前往北海道神宮也要行經森林，所以最好穿球鞋。漫步在裏參道和小路上，還可發現雜貨舖和可愛的咖啡廳等各式店家，逛起來很有樂趣。

3 北海道神宮 ほっかいどうじんぐう

造訪能量景點

春天的櫻花、夏天的深綠、秋天的紅葉、冬天的白雪，展現美麗的鮮明對比。走在境內就能感受清新的氣息。這裡常會舉辦神前結婚式，若碰巧遇上的話就順便分點幸福回家吧。

神社 ☎011-611-0261 介札幌市中央区宮ヶ丘474 ⏰6:00～17:00(10/16～3/31會有變動) 困無休 ℗有 🚇地下鐵圓山公園站步行15分 MAP 70

2 札幌市圓山動物園 さっぽろしまるやまどうぶつえん

近距離觀賞可愛的動物

有豐富的大自然環繞，可坐下來悠閒休憩的空間也很多。每天都會舉辦不同的「體驗活動」，能觀察動物們進食的模樣，或是聆聽飼育員的解說導覽。

動物園 ☎011-621-1426 介札幌市中央区宮ヶ丘3-1 ⏰9:00～16:30(11/1～1/31～15:30) 困無休 ℗有 ¥600日圓 🚇地下鐵圓山公園站步行15分 MAP 70

1 圓山公園 まるやまこうえん

在翠綠森林中深呼吸

位於天然紀念物圓山原始林東北方的公園。北海道神宮、球場、田徑場、動物園也都在這座森林內。有時還可見到松鼠和稀有的野鳥。也是櫻花的名所，賞花季節時總是吸引大批人潮。

公園 ☎011-621-0453 介札幌市中央区宮ヶ丘他 ⏰自由參觀 ℗有 🚇地下鐵圓山公園站步行5分 MAP 70

宮の森2条

彫刻美術館入口

宮の森3-11
KFC
宮の森局
宮の森○ 宮の森1条10

宮の森綠地 宮の森1条10

4 P.71六花亭神宮茶屋 S

3 P.70北海道神宮

荒井山局 宮の森

荒井山 宮ケ丘

1 P.70圓山公園

グラウンド前

円山西町1 動物園

宮ケ丘 熱帯動物

2 P.70札幌市圓山動物園

步行10分

周邊圖 P.18 円山西町2

也可登上圓山

如果是愛好登山的人，推薦可由公園朝登山道走上到圓山（226m）。雖然坡道陡急，但不用1小時即可攻頂居高臨下欣賞美麗的街景。下山時可走坡度較緩的動物園路線抵達動物園的後方入口處。

4 六花亭神宮茶屋 ろっかていじんぐうちゃや

在充滿風情的茶屋小憩片刻

由北海道的老字號菓子店六花亭所經營的休息所。可買到人氣限定商品「判官餅」（4個裝380日圓）與其他熱門商品。

茶屋 ☎0120-12-6666（客服中心）
🏠札幌市中央区宮ヶ丘474 北海道神宮内 ◷9:00〜17:00
困無休 ℗有 🚇地下鐵圓山公園站步行15分 MAP 70

5 Restaurant La Blancheur
レストランラブランシュール

領事館前的美麗法國餐廳

能在全白裝潢、充滿整潔感的店內享用法國菜。選用高級的北海道產食材、針對女性口味的料理，從第一道菜到最後的甜點小蛋糕都很讓人陶醉。午餐2500日圓〜，晚餐5000日圓〜。

法國菜 ☎011-621-0929 🏠札幌市中央区北1西28 MOMA Place 3F
◷12:00〜13:30、18:00〜21:00
困週二 ℗有
🚇地下鐵圓山公園站步行5分 MAP 71

最適合當札幌伴手禮的原創「HOKKAIDO手巾」945日圓（はらいそ。☎011-676-3211）

6 maruyama class

可用餐和購物的便利商場

與地下鐵直接連結的購物大樓。除了販售手巾與和風小物的雜貨舖「はらいそ。」、以札幌名產月寒紅豆麵包聞名的「和菓子処 寒月」等店舖外，還有餐廳等店家進駐。

複合設施 🏠札幌市中央区南1西27
◷9:00〜23:00（視店舖而異）困無休
℗有 🚇與地下鐵圓山公園站直接連結 MAP 71

熱銷長達100年的「月寒紅豆麵包」120日圓（和菓子処寒月☎011-688-6355）

地圖文字：
72 🚇西28丁目站
ストランコートドール
5 R Restaurant La Blancheur P.71
P.72裏参道牛肉店 R
P.73 JETSET C
R すし善 本店 P.48
R 日本料理とらや P.73
圓山公園站
P.34 Daiei S
圓山店 S
P.71 maruyama S C 森彦 P.75
class
S origami P.75
P.73農家の息子 本店 R
卍 龍興寺
R P.75 Pots of S
R 櫻月 P.74
幌市央区
圓山墓地
R南7西25
圓山
圓山
原始林 南6西26
南8西25 北海方 南北方

圓山公園是賞花的人氣景點。札幌的賞櫻季約莫是在黃金週期間。

午餐or晚餐？每一間都讓人想吃
在圓山發現的特色店家

圓山地區有許多無論在食材的選購上
或是營造空間氣氛上都相當用心的店家。
以下為大家介紹幾家極具個性特色的餐廳。

在名店享用正統的法國菜

（上）午餐2000日圓～、晚餐5000日圓～。（左下）位於住宅區的時髦餐廳。1樓是花店（右下），明亮的店內很適合聊天

レストランコートドール

位於北海道神宮附近、閑靜住宅區的獨棟式餐廳。有年份的葡萄酒款式豐富，可同時享受高級感和悠閒氛圍。

也提供價格合理能輕鬆品嘗的午間全餐，除了料理外、甜點和餅乾也很美味。

法國菜 ☎011-614-1501 🏠札幌市中央区宮ケ丘1-2
🕐12:00～14:00、18:00～20:30
休無休 P有 地下鐵西28丁目站步行5分 MAP71

在札幌品嘗自家牧場生產的鹿追町「大平牛」

（上）中午的人氣菜色，大平牛烤肉定食1980日圓。（左下）如同咖啡廳般讓人能輕鬆入內的店鋪。（右下）明亮沈穩氛圍的店內

裏参道牛肉店
うらさんどうぎゅうにくてん

自家牧場培育出的頂級牛肉，帶有層次感的風味讓人百吃不膩。烤牛肉和牛排等料理，會搭配產地直送的蔬菜和自家製醬料一同享用。午餐是漢堡等簡單的定食菜單。

洋食 ☎011-618-1129 🏠札幌市中央区南1西22 裏参道シティハウス1F 🕐11:30～14:00、18:00～21:30
休週四 P無 地下鐵圓山公園站步行5分 MAP71

圓山裏参道

「裏参道牛肉店」「農家の息子」所在的裏参道，正是要前往北道道神宮的後方参道。除了餐廳和咖啡廳之外，還有不少香店和葡萄酒老店等講究的店家，是遊逛起來很有意思的街道。

品嘗當季嚴選食材和廚藝 道地的日本料理

（上）全餐料理前菜的其中一例。午間全餐2100日圓～、夜間會席4725日圓～
（下）可放鬆享受用餐的樂趣

日本料理とらや

にほんりょうりとらや

能享受利用當季食材精心呈現色香味俱全的一品。保留了蔬菜和魚貝原本甘甜的健康料理。極具品味的杯盤器皿與充滿溫暖氛圍的店內，看得出店家的用心與堅持。

和食 ☎011-611-7688 札幌市中央区大通西28 🕒12:00～13:00、18:00～20:00 休週一 P有
地下鐵圓山公園站步行3分 MAP 71

大口吃下 從當地農家直送的新鮮蔬菜

（上）以本日調理法做出的銀之舞豬肉和當令蔬菜。1580日圓～
（下）深受女性顧客和情侶喜愛的人氣店

農家の息子 本店

のうかのむすこほんてん

正如其名是由「農家的兒子」所經營的餐廳。店內的料理皆是精選自農家的食材、經過費心調理而成。餐前享用的嚴選番茄特製果汁，相當美味。

餐廳 ☎011-788-4563
札幌市中央区南2西23 STUDIO23 1F
🕒17:00～22:30 休無休 P無
地下鐵圓山公園站步行5分 MAP 71

從甜點到用餐 能隨意享用的咖啡廳

（上）鹽味焦糖＆香草冰淇淋鬆餅900日圓
（下）店內有各式各樣的椅子和雜貨，五顏六色的相當有趣

JETSET

ジェットセット

以大片窗戶為特色的兩層樓白色建築，推開大門後則是兼具復古與時尚的設計空間。咖啡廳販售有種類豐富的鬆餅、美味半熟蛋的班尼迪克蛋等料理。廣受好評的午餐供應到16:00為止。

咖啡廳 ☎011-621-2848
札幌市中央区大通西22
🕒11:30～21:00 休週一 P有
地下鐵圓山公園站步行5分 MAP 71

裏参道牛肉店內也提供肉品零售和烤牛肉外帶的服務。

在充滿個性的商店購物
順道品味圓山風味的喝茶樂趣

在圓山找尋自用的商品。
若逛累了就到古民家改建的咖啡廳小憩片刻。
探訪時髦而與眾不同的美麗札幌。

抹茶紅豆湯圓950日圓
甜味恰到好處

大量草莓
醬汁與草莓冰淇淋的
草莓紅豆湯900日圓

長年使用的家具營造出的
悠雅的時間

有著昭和感覺的建築

招牌貓出迎客人

1

円山茶寮
まるやまさりょう

使用古民宅裝的寧靜咖啡廳。使用草
莓冰淇淋和草莓醬的草莓紅豆湯等甜
點種類多元。夏天時在露台座很舒
適；營業到深夜。

咖啡廳 ☎011-631-3461
札幌市中央区北4西27
⏰11:00〜24:00 休週四（逢假日則營業）
P有 🚇地下鐵西28丁目站步行3分
MAP 18 B-2

74

建議看到喜歡的就馬上入手

origami的商品大多是僅此一件的古老工具，或是出自設計師之手的作品。喜歡的話，不要猶豫趕緊入手吧！法國插畫家Nathalie Lété的商品也很受歡迎。

2　沉穩氛圍的店內。曾在澳洲和紐西蘭學習陶藝的堂前守人，作品中栩栩如生的花卉圖案極具魅力。
所有作品皆只有一件。

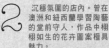

4　位於安靜小巷內的一棟兩層樓木造建築。冬天的燒柴壁爐讓人威覺很舒服。香醇摩卡650日圓，季節蛋糕350日圓。能品嘗到自家烘焙的香氣濃郁咖啡。

3　位於圓山公園站旁、從裏參道稍微往南走的位置。由圓山在地的作家「ムムリクスオミ」獨創圖案的包包，全都商品皆僅此一件。

2

Pots of
ポッツオブ

在函館擁有工房的陶藝家、堂前守人的藝廊和精品店。店內販售大膽花卉圖案的自身作品，以及富品味的雜貨和洋服等。

雑貨 ☎011-533-2334
⌂札幌市中央区南6西23
🕐11:00～18:00　休無休　🅿有
‖🚇地下鐵圓山公園站步行7分　MAP71

3

origami
オリガミ

牆壁上色彩豐富的裝飾，是居住在札幌創作家的作品和日本的古老工具。店家將這些商品以混搭風格呈現。店內隨處可見的普普風懷舊商品，牽動著顧客內心的少女情懷。

雑貨 ☎011-699-5698
⌂札幌市中央区南2西25
🕐12:00～18:00　休週日、一　🅿有
‖🚇地下鐵圓山公園站即到　MAP71

4

森彦
もりひこ

屋齡50年的小型木造民家，夜晚從窗戶透出的燈光充滿溫暖氛圍。自家烘焙的咖啡和姊妹店「Marie Pierre」每日現做的甜點讓人吃的安心又美味。

咖啡廳 ☎011-622-8880
⌂札幌市中央区南2西26
🕐12:00～22:30　休無休　🅿有
‖🚇地下鐵圓山公園站步行5分　MAP71

森彦的姊妹店在札幌市內有好幾家。都是將古老大樓或倉庫改裝成的美好空間。

出發前往札幌郊外的藝術景點
細細感受自然與藝術的樂趣

欣賞藝術作品也要在「大自然之中」，正是札幌的風格。
作品彷彿也活在天空下和森林中般，
栩栩如生、閃閃發光。

■象徵著Moere沼的玻璃金字塔，暱稱「HIDAMARI」 ■夜晚的金字塔很有超現實感 ■Moere沼公園的全景 ■以珊瑚鋪裝而成的Moere海灘

受到全世界矚目的
藝術公園

Moere沼公園
‖北部‖モエレぬまこうえん

由雕刻家野口勇規劃基本設計的札幌世界級藝術公園。廣大的公園全體構成一座巨型的雕刻，無論從哪個角度皆呈現極致的藝術美感。直徑48m的「海之噴泉」於4月下旬～10月中旬1日3～4回，會舉行40分或15分的噴水表演，充滿活力的水舞相當有趣。

公園‧綠地 ☎011-790-1231 ⌂札幌市東區モエレ沼公園1-1 ⏰7:00～22:00 休無休(各設施有各自的定休日) ¥免費 P有 ♨於北海道中央巴士「Moere沼公園東口」下車，到玻璃金字塔步行15分。4月底～10月中旬的週六、日、假日和7、8月，可搭期間限定運行巴士到「Moere沼公園」(到玻璃金字塔步行10分) MAP 112 B-2

這裡好好玩

可在被稱為櫻之森的7個遊樂器材區域小憩片刻。由野口勇所設計的遊樂設施色彩豐富，每一件都是美麗的藝術作品。

Moere沼公園散步時的休息好去處
在玻璃金字塔內，有間餐廳能邊眺望公園的自然美景，同時品嘗使用當令新鮮食材烹調的法國菜（需預約）。☎ 011-791-3255
MAP 112 B-2

❶戶外美術館 ❷札幌藝術之森美術館 ❸工藝館 ❹戶外美術館有許多獨樹一格的雕刻作品，照片中為福田繁雄的「當成椅子休息吧」

同時沉浸在大自然與藝術中

札幌藝術之森

‖南部‖ さっぽろげいじゅつのもり

可在大自然中貼近藝術並悠閒渡過的綜合藝術設施。廣大腹地內，除了活用自然環境展示雕刻作品的戶外美術館之外，還有室內美術館和各種能體驗創作樂趣的手工藝工房。一年四季都會舉辦多樣展示會及活動。同時也設有展示、販售北海道手工藝作家作品的商店和博物館賣店。

美術館・綠地 ☎ 011-592-5111 ⌂札幌市南區芸術の森2-75 ◷9:45～17:30（9～5月～17:00）
✕週一（遇假日則翌日休，4月29日～11月3日無休）
¥免費（視設施收費）
P有 在地下鐵真駒內站下車搭中央巴士15分，藝術的森入口或是藝術的森センター下車即到
MAP 112 B-3

這裡好好玩

在手工藝工房有舉辦沒有老師指導的「手工藝品輕鬆體驗」，可接受當日報名。使用專用蠟筆彩繪的大手巾1條500日圓、原創徽章製作300日圓～等，以及彩繪陶藝體驗1000日圓～也能簡單上手，相當推薦。

藝術之森裡有建於1913年，作家有島武郎的宅邸，保留了當時的模樣移設至此，並展示了相關資料。

溫泉風情與四季的推移變化
漫步定山溪親近大自然

有札幌內部客廳之稱、北海道內有數的溫泉地。一年四季的溪谷景觀都很漂亮，溫泉街上還有許多手湯、足湯的設施。當地的吉祥物河童也很可愛。

整個繞上一圈

2小時

山谷間有十幾家湯屋並排、充滿風情的溫泉街。還設有可輕鬆利用的足湯和手湯，景點很集中所以能有效率地漫步遊逛。若想要更親近大自然，也很推薦溪流沿岸的定山溪步道。

推薦時段

3 定山溪物產館
じょうざんけいぶっさんかん

定山溪特有的河童商品羅列

定山溪自古以來就有河童的傳說，以河童為主題設計的吊飾、餅乾等獨特商品一應俱全。很適合買來當旅遊紀念品。

可愛的河童抱枕（小）420日圓

📦**特產** ☎011-598-2178
🏠札幌市南区定山渓温泉西4-343 🕐8:00〜21:00 🈵無休
🅿有 🚌於巴士站定山渓湯之町下車即到 MAP78

1 大黑屋 だいこくや

讓人懷念的簡單味道
暖呼呼的手作溫泉饅頭

1931（昭和6）年創業的溫泉饅頭老舖。薄皮和餡料都是自家製，能品嘗完全不使用添加物的樸實古早味。剛

定山溪溫泉饅頭630日圓（9個裝）

出爐的饅頭口感Q軟好吃。以1個為單位販售，因此可輕鬆購買。

🍡**和菓子** ☎011-598-2043 🏠札幌市南区定山渓温泉東4-319
🕐8:00〜17:00(有時會因完售而提早關店) 🈵週三 🅿有
🚌於巴士站定山渓湯之町下車即到 MAP78

2 定山源泉公園 じょうざんげんせんこうえん

在可煮溫泉蛋的休憩公園小歇片刻

為了紀念發現定山溪溫泉的美泉定山200歲誕辰所建造的溫泉公園。除了足湯外，

還另外規劃了可煮溫泉蛋的特別區。

🌳**公園・綠地** ☎011-598-2012(定山溪觀光協會) 🏠札幌市南区定山渓温泉東3
🕐7:00〜21:00(11〜3月〜20:00) 🅿有 🚌巴士站定山渓湯的町下車即到 MAP78

1 老字號的大黑屋　　　2 可享受泡足湯樂趣的定山源泉公園　　　3 伴手禮羅列的定山溪物產館

78

有趣、充滿個性的河童紀念碑

在定山溪的各處，置有23座由活躍於北海道內外的雕刻家所創作的河童像。找找看自己喜歡的河童模樣也挺有樂趣。

享受溫泉、護膚、美食的私房飯店

Spa&Esthetique翠蝶館
スパアンドエステティックすいちょうかん

以女性需求為主要服務的溫泉飯店。以符合藥膳理念的中華湯頭為主的創作法國菜，以及從臉部到全身的護膚療程。溫泉有美肌、舒緩壓力、改善手腳冰冷等症狀的效果，並備有化妝間可使用。

飯店 ☎011-595-3330 札幌市南区定山渓温泉西3-57 IN 15:00 OUT 11:00 和室、洋18 有 巴士站第一寶閣前步行5分 MAP78

也提供美甲、整脊、岩盤浴等服務

費用方案
1泊2食平日12600日圓～、假日前日16800日圓～

❶設於女性用大浴場內的露天浴池 ❷客房有和室、洋室、亞洲風雙人房、和風床房等4種類型 ❸提供營養均衡的餐點

彷彿回到故鄉般的舒適感讓人感到放鬆

ぬくもりの宿 ふる川
ぬくもりのやどふるかわ

設有地爐的用餐處、工藝風格的客房等，營造出故鄉氛圍的溫暖旅館。現做料理一道道端上桌享用的晚餐，也讓人期待。

溫泉旅館 ☎011-598-2345 札幌市南区定山渓温泉西4-353 IN15:00 OUT10:30 和41、和洋11 有 於巴士站定山溪湯之町下車即到 MAP78

❶以燈泡和古木樑柱營造出沉穩氛圍的大浴場 ❷地爐座席的用餐處需事先預約

費用方案
1泊2食平日11700日圓～、假日前日13800日圓～
愛犬同宿方案
1泊2食平日14850日圓～

能感受森林療癒的SPA度假村

定山渓鶴雅リゾートスパ森の謌
じょうざんけいつるがリゾートスパもりのうた

以「漫步森林感受森林」為設計概念。能實際體驗SPA度假村的奢華設備，極具魅力。對於健康、美容、飲食的講究，很得女性客群的歡心。

飯店 ☎011-598-2671 札幌市南区定山渓温泉東3-192 IN15:00 OUT10:00 和室27、洋21、小木屋4 有 於巴士站定山溪溫泉東2下車即到 MAP78

費用方案
1泊2食15000日圓～、假日前日17100日圓～
森林中充滿著負離子，在房間悠閒享受岩盤浴
1泊2食平日24150日圓～

❶標準客房 ❷被靜謐森林環繞的露天浴池

到了秋天會推出附當地導遊的「紅葉河童巴士」巡訪定山溪的紅葉景點，參加費200日圓。

選擇車站附近或鬧區一帶都很方便
札幌飯店資訊

以下介紹於女性客群間很有人氣的下榻地點，從擁有美麗夜景
的高樓飯店到附大浴場的飯店都有。也請參考7項指標的記號。

住宿費用，是以淡季平日、客房數最多房型的1間客房費用。

札幌站

H 札幌克羅斯酒店
クロスホテル札幌

☎011-272-0010 ¥S16170日圓～
🕐IN15:00 OUT11:00 🛏181
🍴JR札幌站、地下鐵大通站步行5分
Ｐ有 MAP 21 D-2

建於札幌中心辦公商業街的現代風格飯店。
一踏進飯店，眼前即是充滿大人玩心的獨特空
間。全客房均提供約150部電影、免費無線LAN
上網等充實設備。頂樓增設僅住宿客能利用的
大浴場以及能一望札幌市區的展望大廳。簡
單俐落的機能和舒適的客房，享受高品味
的住宿體驗。

札幌站

H 札幌菲諾酒店
ベストウェスタンホテルフィーノ札幌

☎011-729-4055 ¥S7350日圓～、T13650日圓～
🕐IN15:00 OUT10:00 🛏S92、D30、T114、其他6
🍴JR札幌站附近
Ｐ有 MAP 19 C-2

以優質、典雅的「幸福日常生活」為設計概念，客房有木質裝潢的溫暖
空間、以雪為主題的清新空間等，營造出符合大人風格的沉穩氛圍。床
具等客房設備和衛浴用品也很完善。離車站只需徒步2分，相當便利。
可在頂樓的「RISTORANTE FINO」眺
望四季不同景緻的札幌街區，同時品嘗
堅持使用北海道食材的自助餐式早餐或
午餐。

札幌站

H JR TOWER日航大飯店札幌
ジェイアールタワーホテル日航さっぽろ

☎011-251-2222 ¥S20000日圓～、
T36000日圓～ 🕐IN14:00 OUT11:00
🛏S48、T206、D74、其他22
🍴與JR札幌站相鄰
Ｐ有 MAP 21 D-1

鄰接札幌站、位於173m的高層大樓「JR
塔」內的飯店。購物商場和娛樂設施就在
隔壁，相當便利。

札幌站

H 札幌蒙特雷埃德爾霍夫酒店
ホテルモントレエーデルホフ札幌

☎011-242-7111 ¥S7500日圓～、
T13000日圓～ 🕐IN14:00 OUT11:00
🛏S51、T129、其他1 🍴JR札幌站步行
7分 Ｐ有 MAP 21 E-2

以19世紀末的維也納為主題的洋館。客
房均設在高樓層，因此眺望視野絕佳。還
有以御影石打造豪華浴槽的天然溫泉（需
付費）。

中島公園

H 傑麥可廣場飯店
ジャスマックプラザホテル

☎011-551-3333 ¥S10500日圓～、
T22000日圓～ 🕐IN14:00 OUT11:00
🛏S32、T90、D15 🍴地下鐵中島公園
站步行3分 Ｐ有 MAP 21 E-4

位於薄野的溫泉飯店，提供峇里島・泰
國・韓國・夏威夷等各國特色的紓療療
程。溫泉大浴場「湯香鄉」（需付費）內
有露天風呂和鹽三溫暖。

札幌站

H 札幌新大谷飯店
ニューオータニイン札幌

☎011-222-1111 ¥S16170日圓、
T28875日圓～ 🕐IN14:00 OUT11:00
🛏S40、T243、D27
🍴JR札幌站步行6分
Ｐ有 MAP 21 D-2

位於大通公園和時計台等景點附近，是最
合適的觀光據點。採用對健康及環境無傷
害的北海道素材所打造的Healing Room
很有人氣。

H 札幌白楊酒店
札幌アスペンホテル　　　　　　　C 新 煙 ↓

☎011-700-2111　¥ S8000日圓～、
T13000日圓～　⏰IN13:00 OUT11:00
🛏 S75、T209、其他18
🚇 JR札幌站附近
P 有　MAP 19 C-2

雖然離札幌站很近，但眼前可見北海道大
學的白楊木林道、環境幽靜。客房內使用
了大量的木質裝潢，讓人有放鬆的感覺。

H 札幌王子飯店
札幌プリンスホテル　　　　　　C 煙 湯 寬 ↓ ♀

☎011-241-1111　¥ T21900日圓～、
D28000日圓～　⏰IN14:00 OUT11:00
🛏 T484、D102
🚇 地下鐵西11丁目站步行3分
P 有　MAP 20 B-4

28層樓高的圓柱型大樓、360度的眺賞視
野極具魅力。以北海道食材為中心的
Buffet菜色也很受到好評。

H 札幌格蘭大飯店
札幌グランドホテル　　　　　　C 煙 寬 ↓ ♀

☎011-261-3311　¥ S21945日圓～、
T24255日圓～　⏰IN15:00 OUT11:00
🛏 S88、T333、D63、其他20
🚇 JR札幌站步行8分
P 有　MAP 21 D-2

1934年開業的北海道代表性飯店。連結
札幌站與大通間的地下街和飯店直接相
連、不用走到地面上即可進飯店。

H 札幌蒙特利酒店
ホテルモントレ札幌　　　　　　C 煙 ↓

☎011-232-7111　¥ S6000日圓～、
T10000日圓～　⏰IN14:00 OUT11:00
🛏 S39、T208、其他3
🚇 JR札幌站步行5分
P 有　MAP 21 E-1

英國風的飯店外觀很吸引人目光、內部也
呈現高格調的沉穩氛圍。還提供可於當日
12:00～16:00使用客房的Day use
plan。

公 格拉斯麗札幌酒店
ホテル グレイスリー札幌　　　　C 煙 ↓ ♀

☎011-251-3211　¥ S12000日圓～、T24255日圓～
⏰IN14:00 OUT11:00　🛏 S302、T78、D22、其他38
🚇 JR札幌站步行3分　P 有　MAP 21-D1
POINT有完善保全設備的女性專用樓層很有人氣。

H 札幌京王廣場飯店
京王プラザホテル札幌　　　　　C 煙 ↓ ♀

☎011-271-0111　¥ S14500日圓～、22000日圓～
⏰IN14:00 OUT11:00　🛏 S156、T272、D27
🚇 JR札幌站步行5分　P 有　MAP 21 C-1
POINT全部客房都有大窗戶、光線明亮、並備有空氣清淨機。

H 札幌全日空飯店
札幌全日空ホテル　　　　　　　C 煙 ↓

☎011-221-4411　¥ S10000日圓～、T15000日圓～
⏰IN13:00 OUT11:00　🛏 S82、T295、D33
🚇 JR札幌站步行7分　P 有　MAP 21 D-1
POINT從Sky Lounge可將札幌的夜景一覽無遺。

H 札幌東京巨蛋飯店
東京ドームホテル札幌　　　　　C 新 煙 ↓ ♀

☎011-261-0111　¥ S15592日圓～、T20212日圓～
⏰IN14:00 OUT11:00　🛏 S72、T190、D10
🚇 地下鐵西11丁目站步行5分　P 有　MAP 21 C-3
POINT能飽覽大通公園的四季景緻。

H 札幌萊頓酒店
ロイトン札幌　　　　　　　　　C 煙 廣 ↓ ♀

☎011-271-2711　¥ S29400日圓～、T25200日圓～
⏰IN14:00 OUT11:00　🛏 T258、D24
🚇 地下鐵西11丁目站步行3分　P 有　MAP 20 B-2
POINT30㎡的寬敞雙人房及自助餐式早餐很有人氣。

H 札幌大通里奇蒙德酒店
リッチモンドホテル札幌大通　　C 煙 ↓ ♀

☎011-208-0055　¥ S5000日圓～、T15000日圓～
⏰IN14:00 OUT11:00　🛏 S130、T60、D10
🚇 地下鐵大通站步行2分　P 有　MAP 21 D-3
POINT商務設備周全。提供免費的女性衛浴用品。

H 札幌藝術飯店
アートホテルズ札幌　　　　　　C 煙 湯 ↓

☎011-512-3456　¥ S10972日圓～、T21945日圓～
⏰IN14:00 OUT11:00　🛏 S108、T259
🚇 地下鐵中島公園站附近　P 有　MAP 19 C-3
POINT溫泉大浴場內備有女性專用的露天風呂。

公 札幌萊福特酒店
ホテルライフォート札幌　　　　C 煙 ↓

☎011-521-5211　¥ S7507日圓～、T13860日圓～
⏰IN13:30 OUT11:00　🛏 S121、T74
🚇 地下鐵中島公園站步行3分　P 有　MAP 19 C-3
POINT無障礙空間的客房與和式（公共衛浴）等房型都很完備。

春

夏

小樽的
四季

櫻花盛開的貴賓館

小樽港

手宮公園的栗林

富岡教堂的雪景

秋

冬

82

小樽

曾經以鯡魚漁業興盛一時的港町小樽。
運河旁還保留了古老的石造倉庫，
極盡奢華的宅邸就聳立於可一望海景的高台上
迎接著旅人的來訪。
與瓦斯燈和煤油燈的氛圍融合為一體的城市
特產品即以北一硝子為首的玻璃工藝品。
堺町本通上北海道代表性的甜點店
將街道營造出一股特殊的風情。

大略地介紹一下小樽

曾經是鯡魚漁業興盛之地、創造出許多富豪商賈的小樽。
運河旁和站前通還保留了當時的繁榮景象與港町風情，
讓人感受到一股獨特的懷舊鄉愁。

在小樽站備齊所有的旅遊資訊

到觀光服務處
確認欲前往的景點

小樽備有完善介紹觀光景點的
MAP和觀光巴士，先到觀光服
務處做行前確認。

小樽站觀光服務處
☎0134-29-1333 MAP 88 B-4
運河廣場觀光服務處
☎0134-33-1661 MAP 88 B-2
淺草橋街園觀光服務處
☎0134-23-7740 MAP 89 C-2

夏天搭屋型船
來趟港灣遊覽吧！

1天有3班從小樽港第3號碼頭出
發遊覽港灣的屋型船。吹著徐
徐的海風，感受無比的舒暢。

小樽港第3號碼頭候船室
☎0134-29-3131（小樽觀光振
興公社）¥800日圓 所需時間
約40分※4月下旬～10月14日的
週六、日、假日 MAP 88 B-2

搭人力車
輕鬆地逛街

若打算從小樽站沿著運河觀光也可選擇
搭人力車。費用和營業時間會視季節而
變動，請先洽詢。搭乘處在小樽運河周
邊。

小樽人力車俱樂部
⌂小樽市港町5-4
☎090-2052-5431（佐佐木）
MAP 88 B-2

人力車えびす屋小樽
⌂小樽市色内2-8-7
☎0134-27-7771 MAP 88 A-2

小樽觀光
搭觀光巴士最方便

分別有天狗山路線、祝津路
線、海濱路線、浪漫路線，搭
乘1次210日圓，若購買1日乘
車券750日圓包括市內路線巴士
均可不限次數搭乘。☞P.86

北海道中央巴士小樽站前
轉運站
☎0134-25-3333 MAP 88 B-4

前往積丹、余市的交通
務必同時確認回程班次

若要到積丹、余市、祝津等小
樽市近郊觀光的話，由於JR和
巴士的班次較少，所以請事先
確認好來回的交通工具。

北海道中央巴士小樽站前轉運
站 ☎0134-25-3333

舊日本郵船（株）小樽支店

運河廣場

小樽運河

北方華爾街

堺町通

可一望小樽
夜景的觀景點

小樽天狗山纜車

JR小樽站搭車約15分，
即可抵達能一望市區的觀
景點。

MAP 87 A-3

小樽天狗山纜車

照顯寺
無量寿寺卍
伏見稲荷
日正寺
金宝寺
正行寺卍
旭展望台
小林多喜二
文学碑
日光院
富岡教会
妙龍寺
天狗山山麓
直行寺卍
正法寺卍
小樽市役所
小樽公園
金比羅大本院卍
松ケ枝会館
不動院卍
本願寺別院卍

84

領略當時建築
之美的文化財
**舊日本郵船（株）
小樽支店**

重要文化財。為1906（明
治39）年興建的石造建築，
館內也以當時的模樣重現。
※施工中閉館至2014年春季
MAP 87 A-2

要找小樽觀光資訊
就來這裡
運河廣場 `P.91`

改建自舊小樽倉庫，為
觀光資訊的發信地，也
有販售伴手禮。
MAP 88 B-2

小樽港

還殘留小樽風情的
倉庫群
小樽運河 `P.90`

1914（大正3）年動工、
全長1140m的運河，為小
樽觀光的中心地。
MAP 88 B-2

從名建築一窺小樽的
繁華光景
北方華爾街 `P.90`

訴說著從明治時代到
昭和初期經濟繁榮歷
史的金融街（現在的
色內大通）。
MAP 88 B-2

☎0134-21-5000
🏠小樽市築港11
🕙10:00～21:00，冬
天～20:00（視設施而
異）休無休
P有 ‼與JR小樽築港
站直接連結 MAP 87 B-3

南小樽站

⑰

小樽溫泉オスパ

ウイングベイ小樽

與JR小樽築港站
直接連結很方便
Wing Bay小樽

電影院、保齡球館、遊
戲中心、購物區、飯店
等一應俱全的設施。
MAP 85

從玻璃製品到
美食應有盡有
堺町通 `P.92`

從小樽運河Terminal道童
話十字路口上，熙熙嚷嚷
的街道上有許多店舖。
MAP 89 D-2

離日銀金融資料館 MAP 89 C-3 很近的小樽バイン（☞P.100）是改裝自舊北海道銀行本行建築物的餐廳。

搭乘小樽觀光巴士
巡訪港町的人氣景點

以小樽站為中心的小樽市內，景點眾多。
可以步行方式閒逛，
若時間有限的人，則建議搭乘有效率的觀光巴士。

←美式復古巴士、
浪漫號

小樽觀光巴士路線圖

小樽港マリーナ・石原裕次郎記念館
勝納埠頭
小樽築港站
ぱるて築港
海上觀光船搭乘處
往小樽水族館
運河廣場
かま栄本社前
ヴェネツィア美術館
北一硝子三号館前
グランドパーク小樽
ウイングベイ小樽
新南樽市場
小樽運河
小樽運河 Terminal
色內1丁目
堺町
北一硝子前
メルヘン交差点
有幌町
田中酒造亀甲藏前
日銀金融資料館
稲穂十字街
南小樽站
函館本線
小樽站
往小樽天狗山

小樽觀光巴士
→ 海濱路線
→ 天狗山路線
→ 祝津路線（期間限定）
→ 浪漫路線（期間限定）

對行動派來說利用價值很大

小樽市內有4條觀光型路線巴士。各路線均由小樽站發車，行經小樽運河周邊。不需預約即可輕鬆搭乘。若想在多個景點下車遊逛的話，購買1日乘車券較划算。

北海道中央巴士小樽站前轉運站
☎0134-25-3333 ⏰小樽站前發海濱路線9:30～18:00、天狗山路線9:53～15:53、祝津路線10:25～15:25、浪漫路線10:10～14:40 無休 210日圓（1次）、750日圓（1日乘車券） MAP 88 B-4

搭乘一整天也只要750日圓。
真的是很便宜的觀光方式。

位於港灣區的「Wing Bay小樽」

觀光巴士A「海濱路線」

從小樽站出發，行經小樽運河Terminal、小樽港碼頭、石原裕次郎記念館、Wing Bay小樽的路線。繞行一周47分，1天18班。

觀光巴士B「天狗山路線」

前往小樽天狗山的路線，可一望小樽市區和石狩灣的絕佳觀景點。繞行一周41分，1天7班。

觀光巴士C「祝津路線（期間限定）」

前往北海道內規模最大的小樽水族館、感受鯡魚漁業榮華光景的小樽貴賓館等景點的路線。限定4月上旬、4月下旬～11月上旬的期間。繞行一周54分，1天6班。

觀光巴士D「浪漫路線（期間限定）」

從小樽站行經童話十字路口、小樽運河的短程路線。限定4月下旬～11月上旬的週六日、假日（黃金週、7月1日～9月下旬為每日）的期間。繞行一周25分，1天10班。

※以上的內容為2013年9月的資料，發車時刻等資訊可能會有變動。

トド岩

祝津全景展望台 P.107

P.107 小樽城堡飯店 H
高島岬
鰊御殿
小樽水族館 P.106
祝津マリンランド ・祝津マリーナ
赤岩山 下赤岩山
祝津漁港

鰊魚御殿 小樽貴賓館(舊青山別邸) P.106

祝津 P.106

新日本海滷輪(小樽〜新潟・舞鶴)

茅柴岬
高島墓地
記念碑前橋
市営団地
新高島トンネル
高台寺
赤岩
正林寺卍
中野植物園
西小樽
梅ヶ枝町 新正寺卍
弁天島
なえぼ公園 清水町
手宮公園 卍手宮
高島漁港
P.107
自行車10分
小樽第二 P.107 小樽市手宮洞窟保存館
日和前町 小樽天然温泉湯之花「手宮殿」
薬師神社 卍 総合博物館
石山町 × 北運河
P.85
長橋トンネル
法蔵院卍 舊日本郵船(株)小樽支店(閉館至2014年春季)

長橋
P.97 PRESS CAFÉ C

正行寺卍 色内ふ頭
富岡ニュータウン・ 名内2 第三ふ頭
P.88小樽市區MAP
旭町 旭展望台・ 富岡
小樽港
17
小樽站 港町ふ頭
合同庁舎 堺町 港町
小樽商大・ 東雲町
P.105 小樽ミルクプラント 北一硝子
中央ふ頭
5
P.95 有幌町
グラス・ムラノ S 新日本海フェリーターミナル
南小樽站
新倉屋総本舗 P.104
中央墓地 普通電 有幌町 S ウイングベイ小樽 P.85 小樽築港
つくし牧田 S 信香町 S 石原裕次郎記念館
P.104 市立病院 小樽君樂酒店 P.110
新富町 R テラスブラッセリー P.100
ザ・グラススタジオイン オタル P.95 卍龍徳寺 平磯温泉 料亭旅館銀鱗荘 P.110
ロープウェイ 松ヶ枝 北の誉酒造 H
朝里站
天狗山 小樽IC 平磯公園 船浜町 函館本線
小樽築港站 朝里
小樽天狗山纜車 P.84 若竹町・ 朝里
天狗山滑雪場 潮見台公園 桜 朝里局
天狗山 朝里川公園 東小樽 新光町
奥沢 卍一喜庵 朝里トンネル
真栄 潮見台 札樽自動車道 朝里IC
天満宮卍 小樽市 956 朝里IC
天神 393 望洋台 温泉 宏楽園 P.110
木工団地
奥沢水源池
毛無山展望所・
小樽市望洋台ジャンツェ 湯の花
朝里川温泉
温泉坂上
毛無山 温泉橋 温泉街
朝里川温泉 ホテル武蔵亭 H H 小樽旅亭藏群 P.108
プチホテルろーまん H 小樽朝里克拉瑟飯店 P.110
朝里川温泉滑雪場 H かんぽの宿小樽

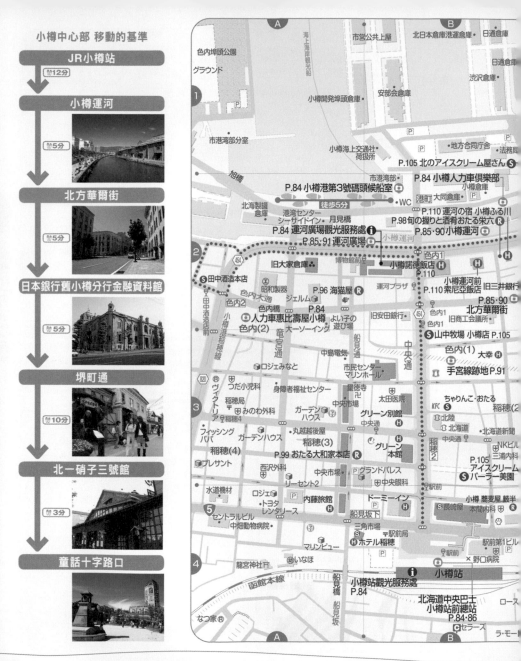

小樽中心部 移動的基準

JR小樽站

↓ 🚶12分

小樽運河

↓ 🚶5分

北方華爾街

↓ 🚶5分

日本銀行舊小樽分行金融資料館

↓ 🚶5分

堺町通

↓ 🚶10分

北一硝子三號館

↓ 🚶3分

童話十字路口

色内埠頭公園

グラウンド

海上遊覧観光船

市営公共上屋

北日本倉庫港運倉庫・ 日通倉庫

日通倉庫

渋沢倉庫・

小樽開発埠頭倉庫

安部会倉庫

市港湾部分室

小樽海上交通社・荷扱所

・地方合同庁舎 ・法務局

P.105 北のアイスクリーム屋さん Ⓢ

旭橋

市港湾部・

P.84 小樽港第3號碼頭船室

港町・大同倉庫・ Ⓟ 小樽倉庫

P.84 小樽人力車倶樂部

・WC

北海製罐倉庫

港湾センター シーサイドイン・月見橋

徒歩5分

P.110 運河の宿 小樽ふる川

P.98 旬の握りと酒肴おたる栄六 Ⓡ

P.84 運河廣場観光服務處 ℹ️

P.85・91 小樽運河 Ⓗ

P.85・91 運河廣場

小樽運河

田中酒造本店 Ⓢ

旧大家倉庫

博物館前通

小樽諾德飯店 Ⓗ

P.110

小樽運河前 Ⓗ

昭和製鋼

運河プラザ

索尼亞飯店 旧三井銀行

P.110

P.85・90

ジェルム

旧安田銀行・

北方華爾街

色内2

色内橋

P.84

色内1

旧商工会議所・

P.96 海猫屋 Ⓡ

色内(2)

人力車恵比壽屋小樽

よい子の遊び場

山中牧場 小樽店 P.105 Ⓢ

大一ツーイング

色内1 色内(1) 大幸 Ⓗ

竜宮線

中島電気

手宮線跡地 P.91

ロジェみなと

市民センター・マリンホール

中央通

つだ小児科

身障者福祉センター

顕徳寺

太田医院

ちゃりんこ・おたる

稲穂(2)

稲穂局

中央市場

グリーン別館

KFC

みのわ外科

ガーデンハウス

北陸 北海道

北海道新聞

稲穂4

丸越越後屋

中央通

稲穂2

フィッシングパパ

ガーデンハウス

稲穂(3)

グリーン本館

NKビル

三浦内科

稲穂(4)

プレゼント

P.99 おたる大和家本店 Ⓡ

P.105 アイスクリーム パーラー美園 Ⓢ

西沢外科

中央市場

グランドパレス Ⓟ

中央眼科

水道機材

ロジェ Ⓟ

リーセント2

内藤旅館 Ⓟ

ドーミーイン Ⓗ

小樽 蕎麦屋 籔半 Ⓢ

長崎屋 本間内科

セントラルビル

トヨタレンタリース

船見坂

三角市場

駅前第1ビル

野口病院

中畑動物病院・

駅前

ホテル稲穂 Ⓗ

マリンビュー

いなほ

龍宮神社

ℹ️ 小樽站

なつ家 Ⓡ

小樽站観光服務處 P.84

北海道中央巴士 小樽站前總站 P.84・86

セラーズ Ⓒ

ラ・モー

函館本線

船見橋 船見坂

A

B

體驗漫步在海風吹拂的小樽運河與北方華爾街

來到小樽，一定要來逛逛瀰漫著浪漫氣息的運河。
還有作為港灣都市帶領北海道經濟的北方華爾街，
至今仍保留著許多當時風貌的歷史建築物。

漫步在懷舊的運河旁步道

小樽運河 おたるうんが

全長1140m的小樽運河，是
費時9年於1923（大正12）
年完工的港灣建設。不同於
內陸運河的挖掘方式，採用
在海岸外填海打造而成是最
大的特徵。運河原來的功能
結束之後，填平或是保存二
個方向在小樽爭議了十餘年

之後，1986（昭和61）年
時整建成為現在的風貌。臨
港線旁的部分填平到剩下
20m的寬度，並鋪設上石板
步道。

從淺草橋往中央橋的路上有
許多從前的石造倉庫林立。
步道旁的瓦斯燈，是重現明
治時代的景物。小樽運河每
當季節更迭就會展現出不一
樣的風情

☎0134-32-4111
（小樽市觀光振興室）
🏠小樽市港町
🕐自由參觀 🅿無
‼JR小樽站步行8分
MAP 88 B-2

明治時代的銀行建築傑作，雄偉典雅的建築之美

日本銀行舊小樽分行 金融資料館

にっぽんぎんこうきゅうおたるしてんきんゆうしりょうかん

建於1912（明治45）年，設計師為打造東京車站紅磚建築的辰野今吾和其弟子。2002（平成14）年日銀小樽分行結束營業，現在為對外開放參觀的金融資料館。館內展出關於北方華爾街的歷史以及日銀的業務介紹，還設有能親身體驗模擬1億日圓重量的展區等。

☎0134-21-1111 ⌂小樽市色內1-11-16 ⏰9:30～16:30 ㊡週一（遇假日、彈性假日則翌日後的第一個平日休）¥入館免費 🅿無 ‼JR小樽站步行10分 MAP89 C-3

外牆上的塑像，是以愛奴族的守護神毛足魚鴞為藍圖製作而成

利用舊三菱銀行建築物的複合設施

小樽運河Terminal

おたるうんがターミナル

集合了商業設施和小樽觀光巴士搭乘處等的複合設施，是利用以前三菱銀行小樽分行的建築物。「洋菓子 喫茶あまとう」「オルゴールラボ海鳴」「ぱんじゅう桑田屋」等，來自小樽的店家都齊聚於此。

建築物築於1922（大正11）年，採用希臘、羅馬的建築樣式

☎0134-22-7774（北海道中央巴士色內營業所）⌂小樽市色內1-1-12 ⏰9:00～19:00(夏天～20:00) ㊡無休 ¥入場免費 🅿無 ‼JR小樽站步行10分 MAP89 C-2

豐富的觀光小冊和折價券

運河廣場 うんがプラザ

物產廣場是利用1894（明治27）年完工的舊小樽倉庫作為場地。除了物產專賣店外，還有觀光服務處、咖啡廳和中庭等4大區，很適合來這裡小憩片刻。也常被利用為畢業旅行學生們的集合地點等。

☎0134-33-1661 ⌂小樽市色內2-1-20 ⏰9:00～18:00(視時期會有變動) ㊡無休 ¥入館免費 🅿無 ‼JR小樽站步行10分 MAP88 B-2

1該建築物曾經是北海道最古老的營業用倉庫 **2**陳列了許多主要來自小樽市內的糕點、海鮮、工藝品等

國內排名第三的北海道最古老鐵道

手宮線跡地 てみやせんあとち

舊國鐵手宮線於1880（明治13）年開通，連結手宮（小樽室市內）～札幌之間。2年後開通至幌內（三笠市），幌內鐵道完成。1985（昭和60）年南小樽～手宮之間廢線。近年來，將位於市街中心部約510m的區域整備成為開放空間，並提供民眾散步。

☎0134-32-4111（小樽市觀光振興室）⌂小樽市色內 ⏰自由參觀 🅿無 ‼JR小樽站步行7分 MAP88 B-3

鐵軌與平交道等設施都還維持當時的模樣。當然現在已經沒有列車行駛，因此在鐵道上散步也OK

北方華爾街是指堺町本通北側的日銀通以及色內大通周邊的區域。

在懷舊的堺町通找尋出色的伴手禮

從童話十字路口到小樽音樂盒堂的大馬路
被稱為「堺町通」，有許多極具個性的店家。
甜點或是玻璃手工藝品等都彷彿撥弄著少女的情懷。

1 大正硝子館
たいしょうがらすかん

為旅途增添美好的回憶
一起來作蜻蛉玉吧

本店是在販售自家工房製作的原創玻璃珠製品。而「蜻蛉玉館」則可體驗蜻蛉玉的製作，完成後還能另外購買配件自行組合成手機吊飾。

玻璃工藝 ☎0134-32-5101
⌂小樽市色内1-1
🕘9:00~19:00(夏天~20:00)
㊡無休 💰蜻蛉玉製作體驗(迷你方案)892日圓~ 🚻JR小樽站步行15分 MAP 92

可挑選各式各樣的繩子繫在蜻蛉玉上

2 かま栄 かまえい

小樽名物的魚板
品嘗現做的麵包捲

店內有販售可即食和贈禮用之類的商品。將人氣的魚板做成點心般的麵包捲，是かま栄的自創商品。

食品 ☎0134-25-6181 ⌂小樽市堺町3-7 🕘9:00~19:00 ㊡無休 🅿有 🚻JR小樽站步行15分 MAP 93

3 利尻屋みのや 不老館
りしりやみのやふろうかん

「請在吃完7日後照鏡子～」
有名的昆布專賣店

販售在北海道也相當稀有的昆布商品專賣店，來這裡一定能找到想要的昆布。零食、昆布茶和昆布絲等，各種加工食品也很有人氣。

食品 ☎0134-31-3663 ⌂小樽市堺町1-20
🕘8:00~19:00(冬天9:00~18:00) ㊡無休
🅿無 🚻JR小樽站步行15分 MAP 92

法螺吹昆布茶735日圓，只需將切塊的昆布放入茶碗中，再倒入熱水便完成

將魚漿捲入麵包後油炸製成的麵包捲，1個210日圓

1 かま栄裡有可以參觀魚板製作的工廠
2 利尻屋みのや在堺町通有3間店舖
3 可以在LeTAO PATHOS 2樓的咖啡廳內享用義大利麵和蛋糕

4 LeTAO最大的店鋪
LeTAO PATHOS

集合了商店、咖啡廳、烘焙坊和可麗餅店。還能在店內看到相當有名的皮革製品SOMES。

甜點 ☎0134-31-4500 △小樽市堺町5-22 ⏰9:00～18:00(視季節而有變動,咖啡廳10:00～17:30) 困無休 ℗有 ♙JR南小樽站步行10分 MAP 93

酥脆口感的巧克力酥「まあある」。有牛奶和白巧克力2種,1個131日圓

玻璃藝術家的作品齊聚一堂

在大正哨子 藝術 中,有展示、販售在小樽持續進行創作活動的15位吹玻璃藝術家的作品。由於是各自擁有工房的藝術家之作, 所以品質之高、 個性豐富多樣。 相當推薦到這裡尋找自己喜愛的商品。

「Doux Miel」是用麵粉、雞蛋和三葉草蜂蜜製成的瑪德蓮蛋糕。有原味和巧克力2種口味,3個裝578日圓

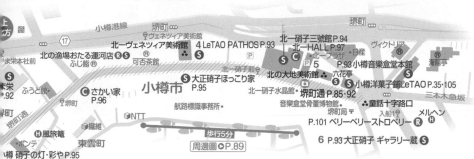

5 小樽音樂盒堂 本館
おたるオルゴールどうほんかん

店內的展示、販售品從低價格的商品到有價值的裝飾品都一應俱全。還有音樂盒的發源地——瑞士的REUGE公司所製作的音樂盒。

音樂盒 ☎0134-22-1108 △小樽市住吉町4-1 ⏰9:00～18:00(夏天的週五、六、假日前日～19:00) 困無休 ℗無 ♙JR南小樽站步行7分 MAP 93

可當作珠寶盒的Antimony音樂盒 4200日圓

6 大正硝子館 藝廊藏
たいしょうがらすギャラリーくら

堅持「Made in小樽」,因此展示、販售中的每一件作品都是出自地藝術家的創作。店內入口處還擺放了許多價格合理又實用的日用商品。

藝廊 ☎0134-22-2299 △小樽市入船1-2-26 ⏰10:00～19:00 困無休 ℗無 ♙JR南小樽站步行5分 MAP 93

仿ған小樽夜景的用色和陶器質感極具特色的小酒杯&玻璃杯,各5250日圓

4音樂盒堂的建築物是於1912(明治45)年所建造
5擺放各種音樂盒的音樂盒堂店內相當浪漫
6大正哨子 藝廊 的店內,散發著與玻璃製品極為相襯的懷舊氛圍

在堺町通上,店家門前也會販賣玉米和烤扇貝等小吃,相當受歡迎。

煤油燈、玻璃、飾品等
將小樽玻璃的美好回憶帶回家

彷彿是海上浮球般的小樽玻璃。
以創始店北一硝子為首，店舖和商品量都很豐富。
也可挑戰親手製作獨一無二的玻璃當作旅行的紀念。

北一硝子三號館

‖堺町通‖きたいちがらすさんごうかん

北一硝子的代表店。接收明治時代建
造的倉庫後改建而成，於1983（昭和
58）年開幕。由167個煤油燈裝飾的
閃爍大廳相當美麗。

☎0134-33-1993　⛩小樽市堺町7-26
🕐8:45～18:00　㊡無休　🅿有
🚶JR南小樽站步行10分　MAP 89 E-1

1 金箔和小花圖案的優雅組合
「花雅」，酒杯2100日圓、酒
壺2500日圓等　**2** 種類豐富的煤
油燈　**3** 5分手燭燈各3500日
圓、2分手燭燈各4300日圓　**4**
以北海道大自然的色彩為意象設
計的北之遙玻璃杯各1500日圓
5 幸福的心形墜飾各1800日圓
6 三號館店內販售有多款手作玻
璃工藝品

小樽硝子的歷史

小樽玻璃的先驅者是北一硝子的第一代社長‧淺原久吉。明治中期，從以薩摩切子聞名的九州來到北海道的淺原，一開始是以製作當時的生活必需品煤油燈和捕鯡魚時所使用的浮球（浮標）起家。之後，於昭和50年代許多年輕的玻璃工匠從關西移居至此地，對小樽玻璃的普及有很大的貢獻。

出自玻璃藝術家之手的葡萄酒杯，還陳列許多其他地方沒有販售的商品

可愛的玻璃製造型玩偶2100日圓～，小型玻璃工藝品157日圓～

柔和色系的彩色燭台各1260日圓

人氣的毛足魚鴉系列，杯子2625日圓、文鎮2625日圓

ザ・グラススタジオ イン オタル
‖天狗山‖

展示販售由店內工房所製做的作品。吹玻璃體驗（需預約）2415日圓～，所需時間約15分。

☎0134-33-9390
🏠小樽市最上2-16-16
🕐10:00～18:00
㊡無休(工房週二休) Ⓟ有
‖巴士站天狗山纜車即到
MAP 87 A-3

大正硝子ほっこり家
‖堺町通‖たいしょうがらすほっこりや

集合了小樽在地藝術家的作品，氣氛輕鬆的空間常讓人流連忘返。玻璃製作體驗（需預約）是與噴燈玻璃藝術家一起進行。

☎0134-32-5567
🏠小樽市堺町4-15
🕐10:00～19:00
㊡無休 Ⓟ無
‖JR小樽站步行15分
MAP 89 D-2

小樽 硝子の灯・彩や
‖堺町通‖おたるがらすのあかりいろどりや

店頭陳列著色彩鮮豔的原創玻璃製品的體驗工房。琉璃珠的製作體驗有動物或腳掌肉球等課程可選擇。

☎0134-61-1100
🏠小樽市堺町1-18
🕐9:30～18:00（冬天10:00～17:00）㊡無休 Ⓟ無
‖JJR小樽站步行15分
MAP 89 C-2

グラス・ムラノ
‖天狗山‖

位在離市區較遠的高台上，為玻璃藝術家、谷和行的工房。代表作的毛足魚鴉玻璃很受歡迎。

☎0134-32-8101
🏠小樽市綠3-12-32
🕐10:00～17:00
㊡週四 Ⓟ無
‖巴士站小樽商業高校步行10分
MAP 87 A-3

從「ザ・グラススタジオ イン オタル」眺望的小樽市區非常漂亮。

在懷舊的咖啡廳
感受小樽的歷史小憩片刻

石造倉庫群、充滿風情的商家、銀行大樓…，
在小樽到處可見使用古老建築物營業的咖啡廳。
散步途中不妨找間擁有歲月痕跡的咖啡廳小憩片刻吧。

1 使用北海道產紅豆的紅豆年糕湯661日圓。冰涼的湯中會放湯圓，溫熱的湯中則放年糕 2 自開幕以來就廣受歡迎的抹茶牛奶577日圓

1 細點圓趾蟹義大利麵1600日圓（前方）2 建築物外觀，牆面以雙層紅磚堆砌而成

充滿和風氣氛的商家茶屋

さかい家 ‖堺町通‖さかいや

將大正時代的商家重新改裝而成的甜點茶屋。保留下來的金庫營造出沉穩的氛圍，令人回想起過往的美好年代。以北海道產的紅豆所製做的甜點也吸引許多愛好者，清爽的甜度最適合坐下來休憩時細品品嘗。

> **1905年築**
>
> 到1982（昭和57）年為止是損害保險公司所使用的建築物，1985（昭和60）年才成為現在的甜品茶屋。

☎0134-29-0105 ⋔小樽市堺町4-4 ⏰10:00～19:00（10～4月中旬～18:00）㊡不定期休（11月～4月週四休）
Ｐ有 ‼JR小樽站步行15分 MAP89 D-2

成為小林多喜二的小說故事原型的建築物

海猫屋 ‖小樽運河‖うみねこや

刻意營造出港町酒吧氛圍的洋風居酒屋，當然也提供咖啡服務。可邊品嘗葡萄酒邊享受使用小樽當地魚貝所製做的料理。已餘100年歷史的紅磚倉庫，也是村松友視的小說「海貓屋的客人」中的舞台。

> **1906年築**
>
> 外觀和內部均使用紅磚建材，為了預防火災而在屋頂鋪上瓦片。創建當時據說是三層樓的建築，已被指定為「歷史建築物」。

☎0134-32-2914 ⋔小樽市色內2-2-14
⏰11:30～14:00、17:30～21:00 ㊡不定期休
Ｐ有 ‼JR小樽站步行10分 MAP88 A-2

小樽／在懷舊的咖啡廳小憩片刻

1 直徑約15cm的超大泡芙800日圓和咖啡380日圓，套餐組合價1100日圓 **2** 北一HALL位於北一硝子三號館內

1 使用多種香料與香草、洋蔥和番茄醬等熬煮而成的北印度風雞肉咖哩900日圓 **2** 乳酪蛋糕和咖啡的套餐730日圓

石油燈營造出的夢幻空間

北一HALL ‖堺町通‖きたいちホール

由明治時代保存鯡魚的石造倉庫改建而成的咖啡大廳。167個石油燈搖曳的燈火營造出如夢幻的氛圍。週一、三、五會分別於14:00、15:00、16:00等時段舉辦現場鋼琴演奏（假日除外）。店內採自助式服務。

1891年築

原本是木材骨架的石造鯡魚倉庫，建築物內還保留著蒸汽火車的鐵道。牆壁使用小樽軟石砌成，木造骨架部分則使用松木等建材。

☎0134-33-1993 ⌂小樽市堺町7-26
🕐8:45～17:30 休無休
Ｐ無 ‼JR南小樽站步行10分 MAP 89 E-1

由歷史悠久的倉庫改建的咖啡廳

PRESS CAFÉ ‖小樽運河‖プレスカフェ

從觀光客絡繹不絕的淺草橋周邊的運河過來步行約15分，瀰漫著鄉愁氣氛的北運河畔咖啡廳。在老闆以自豪的骨董英國車等裝飾而成的店內，能品嘗到獨創口味的印度咖哩和甜點等料理。

1895年築

前身為小樽市色定的歷史建築物、舊澁澤倉庫。從靠運河側的大片窗戶，可眺望北濱橋以及來來往往的人力車和觀光客。

☎0134-24-8028 ⌂小樽市色內3-3-21
🕐11:30～22:00（午餐時段11:30～15:00，週六～24:00）
休無休 Ｐ有 ‼JR小樽站步行15分 MAP 87 A-2

海貓屋是由磯野商店所建造的倉庫，為小林多喜二的小說「不在地主」中的故事原型。

在近海作業漁船卸貨地的小樽
享受鮭魚卵、海膽、鮭魚的蝦夷前壽司

小樽是近海捕撈漁船的靠岸漁港。
到當地居民間也很受好評的店家
大啖鮭魚卵、海膽、鮭魚、螃蟹等食材的「蝦夷前」握壽司。

享受當地的優質食材與職人的技巧
旬の握りと酒肴おたる栄六

‖小樽站‖しゅんのにぎりとしゅこうおたるえいろく

用合理的價格品嘗以當季天然產物為中心的新鮮食材。醋飯
是使用北海道的產米，地酒的種類也很豐富。點一盤生魚片
當下酒菜，比較各種酒款的口味也是不錯選擇。

☎0134-24-0006
🏠小樽市色內1-2-14 ⏰11:00～21:30 🈺不定休
🅿無 🚻JR小樽站步行10分 ᴍᴀᴘ88 B-2

❶特選握壽司2650日
圓，可品嘗15貫壽司的
各種風味
❷設計雅緻的店內
❸裝盛著海膽、鮭魚等6
樣食材的海鮮蓋飯1800
日圓

能帶出食材美味的醋是關鍵所在
寿司・和食しかま

‖花園‖すしわしょくしかま

店家採購的新鮮魚貝廣受好評。使用嚴選食材捏製的「特選
當令握壽司」、雙層盒裝的「漁火散壽司」，都充滿著小樽
的好滋味。精心製作的鄉土料理也很推薦。

☎0134-25-4040
🏠小樽市花園1-2-5 ⏰11:00～22:00
🈺不定期休 🅿有 🚻JR小樽站步行12分 ᴍᴀᴘ89 D-3

❶小樽握壽司3150日
圓，只使用從前濱所
捕獲的魚貝。各有兩
貫海膽和鮭魚卵握壽
司，是很超值的選擇
❷原本為鮮魚店的寬
敞店面

おたる産しゃこ祭（小樽產蝦姑祭）

小樽著名的海鮮之一就是蝦姑。肉質有嚼勁而味道像一般的蝦，小樽產的既大隻又甘甜。每年11月的蝦姑祭裡，可以吃到川燙蝦姑和烤蝦姑等。

由父子共同堅守的傳統味道
幸壽司
‖花園‖こうずし

蛋、甜薑、醬料等完全遵循代代相傳的古法。食材只進當天要販賣的份量。握壽司有1365～4410日圓等6種價格，也可依顧客需求製作。

☎0134-24-0348
⌂小樽市花園1-4-6
🕚11:00～21:00 困週三 🅿無
‼JR小樽築港站步行10分
MAP 89 C-3

1 花握壽司3150日圓，能品嘗到蝦姑、海膽、鮑魚等小樽美味
2 星鰻握壽司
3 整潔、舒適的店內

傳承三代的老舖、讓人讚嘆的握壽司
おたる大和家本店
‖小樽站‖おたるやまとやほんてん

當地的常客很多、氣氛溫馨，是一間可輕鬆造訪的壽司店。堅持使用新鮮的食材，有當地以及從全國各地進貨的當令魚貝。想要盡情大吃時最推薦來這裡。

☎0134-23-1540
⌂小樽市稻穗3-4-11
🕚11:00～21:30
困週二不定期休 🅿有
‼JR小樽站步行3分
MAP 88 A-3

1 北海生壽司2700日圓，有鮪魚、牡丹蝦、海膽、鮭魚卵等11貫
2 寬闊沉穩氛圍的店內

牡丹蝦、海膽、鮑魚、蝦姑、北寄貝、螃蟹、鮭魚卵都是北海道的當地產物，絕對不可錯過（可向店家詢問當令食材的資訊）。

小樽／小樽的蝦夷前壽司

與飄散著海風味道的運河相融合
充滿港町旅遊風情的餐廳＆酒吧

歷史氛圍的石造建築物中的餐廳、
以獨特復古新潮設計的懷舊酒吧等，
港町小樽有許多可悠閒享受時光、舒適宜人的店。

可一望海景的開放空間很受女性歡迎

葡萄酒達人無法抗拒的北海道產葡萄酒店

テラスブラッセリー ‖小樽築港‖

位於小樽君樂酒店2F的餐廳。視野絕佳、眼前即小樽港碼頭，因此建議選擇窗邊的座位。菜色特別豐富的午間自助餐廳受好評。開放式廚房的空間感讓餐點更顯美味。

☎0134-21-3402 ♙小樽市築港11-3 グランドパーク小樽2F ⏰11:00～20:30、酒吧17:00～23:00 困無休 Ｐ有 ‖JR小樽築港站步行5分 MAP87 B-3

1料理種類多樣，讓人目不暇給 **2**可一望小樽港碼頭的店內開放感十足 **3**在午後享受片刻的奢華甜點時光

小樽バイン ‖堺町通‖おたるバイン

只提供100％北海道產葡萄釀造原酒的葡萄酒咖啡廳。「評比葡萄酒套餐」1260日圓～，推薦給想品嘗各款葡萄酒的人。可同時享用自家製披薩、義大利麵等諸多主食餐點。

☎0134-24-2800
♙小樽市色内1-8-6 ⏰11:00～21:30 困無休 Ｐ有 ‖JR小樽站步行7分 MAP89 C-2

1「起司鍋」1600日圓 **2**由被指定為小樽市歷史建築物的舊銀行所改建而成的店鋪 **3**咖啡廳內給人沉穩風格的感覺

小樽君樂酒店

小樽君樂酒店內除了酒吧外，還有吃得到甜點的咖啡廳、美味的現烤麵包店等，是當地很有人氣的地方。

小樽／充滿港町旅遊風情的餐廳＆酒吧

與小樽風景極搭的異國情調餐廳

ベリーベリーストロベリー ‖堺町通‖

改建自倉庫的紅磚建築物，高雅的獨棟式義大利咖啡餐廳。用義大利製柴窯烤出的拿坡里披薩堪稱絕品。可搭配種類豐富的義大利葡萄酒和手工莓果甜點等美食一起享用。

☎0134-23-0896 ⌂小樽市入船1-2-29 ⏰11:00～15:00、17:00～22:00(週六‧日、假日、11:30～22:00) 休無休 P有 ‼JR南小樽站步行10分 MAP 89 E-2

1正統拿坡里披薩997日圓～，手作甜點525日圓～ **2**典雅沉穩氣氛的店內 **3**美麗的紅磚建築外觀為其標幟

以稀有的「波士頓雪克杯」調製出迷人的雞尾酒

BAR MODERN TIMES ‖花園‖ バーモダンタイムス

營業已餘30年，是當地人也很熟悉的紐約風格酒吧。女性單獨一人也能輕鬆入店的氛圍為其最大的魅力。老闆使用波士頓雪克杯所調製出的每款雞尾酒都很道地，可試著找出自己的喜好口味。

☎0134-33-2025 ⌂小樽市花園1-9-26 第2小川ビル1F ⏰19:00～翌2:00 休不定休 P無 ‼JR小樽站步行15分 MAP 89 D-3

1光欣賞老闆調製雞尾酒的架式就很有樂趣，600日圓～ **2**高雅的入口設計 **3**打著舒適柔和燈光的店內

「BAR MODERN TIMES」的老闆對小樽非常熟悉，可向他打聽看看觀光景點的情報。

在紅磚橫丁和小樽出拔小路
體驗屋台村的特別氣氛

帶點懷舊氛圍的大眾餐飲店聚集的屋台村。
無論是紅磚橫丁還是出拔小路，店家的種類都很豐富。
成吉思汗烤肉和 魚的香味撲鼻而來，就來嘗嘗看吧！

輕鬆的氛圍與自豪的當地料理
小樽屋台村紅磚橫丁

小樽屋台村紅磚橫丁

‖ 小樽站 ‖ おたるやたいむらレンガよこちょう

由各老闆經營的個性豐富小店，有海鮮、懷石、家庭菜共11家店聚集。除了小樽當地居民外，還有許多人是為了品嘗只有這裡才能享用到的菜色專程從札幌等近郊前來。

🏠小樽市稲穂1-4-15 ⏰視店鋪而異 🅿視店鋪而異 Ⓟ無
🍴JR小樽站步行5分 ⓂⒶⓅ89 C-3

在小樽的購物街Sun Mall一番街上即可看到醒目的招牌。從入口進去後眼前是整排懷舊氣氛的大紅燈籠

在路邊攤吃道地的義大利菜
イタリア料理　Barilotto

イタリアりょうりバリロット

是一家連前菜都很講究、由年輕老闆大展手藝的店。推薦菜為醬汁和Q彈蝦肉融為一體的馬鈴薯麵疙瘩。店內禁止吸菸。

↑馬鈴薯麵疙瘩佐奶油蝦醬700日圓

洋食 ☎090-1385-7974 ⏰12:00～14:00（只在週一、二、四營業）、18:00～24:00 休週三

北海道起司料理與高級葡萄酒
多居夢

たいむ

能享用葡萄酒和北海道馬鈴薯、瑞克雷起司的餐館風路邊攤。生牛肉蓋飯也是人氣菜單之一。

↑以十勝、新得町産的起司融化製成的起司馬鈴薯750日圓

洋食 ☎090-1522-9425
⏰17:00～23:00 休週三

啤酒的種類也很豐富
バミコ

在番紅花或薑黃飯中加入翻炒過的洋蔥和數種香料的肉醬咖哩，為該店的招牌菜。還可向店家打聽小樽觀光的情報。

↑肉醬咖哩650日圓為店長的得意推薦菜

洋食 ☎080-4044-2408 ⏰17:30～翌0:30（週五、六～翌1:30）休無休

豪邁大啖成吉思汗烤肉
ジンギスカン じん平

ジンギスカンじんべい

除了鮮嫩羊肉的成吉思汗烤肉和海鮮泡菜外，還有冬季限定的羊肉涮涮鍋800日圓等餐點選擇。

↑份量滿點的成吉思汗生羊肉850日圓

燒肉 ☎080-1860-2830
⏰17:00～23:00 休週一

絕對想外帶的炸半雞
小樽 なると屋
おたるなると屋

小樽市民自豪的料理之一就是なると
的春雞。特調的清爽鹽味，讓每個人
都讚不絕口。

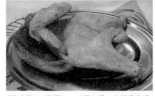

↑炸半雞950日圓～，只要吃過一次就會上癮

春雞 ☎0134-24-6334
⏰11:00～20:00 困無休

重現明治、大正時代的街景
人情與風味都充滿著當地特色
小樽出拔小路
‖小樽運河‖おたるでぬきこうじ

重現明治～大正時代充滿活力的小樽
街景，大量使用當地食材的店家比鄰
而立。邊用餐邊和當地居民交流也是
種樂趣。位於小樽運河附近，可在散
步後繞過去瞧瞧。

將小樽的舊建築物修復而成的火之
見櫓，是能一望小樽運河的觀景點

☎0134-24-1483(協和綜合管理) 🏠小樽市色內
1 ⏰視店鋪而異 困視店鋪而異
🅿無 🚃JR小樽站步行10分 MAP89 C-2

獨創的鮭魚卵口味
海鮮食堂 澤崎水產
かいせんしょくどうさわざきすいさん

由水產公司直營，豪邁的海鮮擺盤深
受好評。提供當季的生魚片和燒烤等
菜色，能充分享受北海的海鮮滋味。

↑附蟹肉、味噌湯的海鮮蓋飯2000日圓～

活魚料理 ☎0134-23-2112
⏰11:00～21:00 困冬季為週四

路邊攤的天麩羅蓋飯別有一番風味
てんぷら 石水
てんぷらいしみず

老字號的天婦羅專賣店。以路邊攤特
有的便宜價格即可品嘗到現炸的天麩
羅。新鮮的食材為其最大魅力。

↑北海天麩羅蓋飯1500日圓，可一次享受小
樽的當令食材

天麩羅 ☎0134-34-0010
⏰11:00～20:30 困不定休

配料豐富的新風味美食
ばくだん焼本舗
ばくだんやきほんぽ

享用外皮酥脆、內餡飽滿，在秘傳麵
糊中包入各式各樣餡料所製成的新風
味「爆彈燒」。還有小樽限定口味可
選擇。

↑基本款380日圓～。還有人氣的綜合起司、
小樽限定的明太子和奶油醬油等各種口味

爆彈燒 ☎0134-23-5101
⏰10:00～20:00 困無休

小樽的特產魚、八角是一種肉少、皮硬的魚，但肉質甘甜入口即化，塗上味噌燒烤後相當美味。

糰子串、起司蛋糕
來趟和洋甜點之旅吧！

融合日式與西式的獨特小樽甜點。
懷舊、溫暖的甜味就像這個城市給人的感覺。
很適合買來當零食邊走邊吃。

讓人懷念的甜食
還有季節限定的西點

↑小樽馬鈴薯塔160日圓。以北海道產的馬鈴薯搭配高級鮮奶油、牛油等烘焙製成

あまとう
‖ 小樽站 ‖

1929（昭和4）年創業。加入麻糬的紅豆湯再放上冰淇淋組合而成的鮮奶油年糕紅豆湯，以及三層的奶油餅乾與巧克力搭配的マロンコロン是販售50餘年的熱賣品。

☎0134-22-3942 ☆小樽市稲穂2-16-18
🕙10:00～19:00（7月下旬～8月下旬～20:00）休週四 P有
‼JR小樽站步行6分 MAP 89 C-3

`店內食用OK` `這裡也買得到`
小樽運河Terminal店 MAP 89 C-2

2樓設有充滿昭和時代氛圍的咖啡廳，聖代很受歡迎

受小樽居民喜愛的
傳統銘菓

↑花園糰子（1支）94日圓。完全不使用添加物和砂糖，只使用白米製成的上新粉

新倉屋総本舗
‖ 小樽築港 ‖ にいくらやそうほんぽ

以小樽的代表名菓「花園糰子」而廣為人知。高級生菓子與日式饅頭等和菓子的種類豐富，除此之外季節限定點心和新商品也不容錯過。店內設有座席並提供熱茶服務。

☎0134-27-2121 ☆小樽市築港5-1
🕙8:30～20:00 休無休 P有
‼JR小樽築港站步行15分
MAP 87 B-3

`店內食用OK` `這裡也買得到`
本店 MAP 89 C-3

JR小樽站附近的花園銀座街上也有分店

表現出四季風情的
藝術和生菓子

↑季節和生菓子170日圓。纖細的色調、依季節不同各有巧思，光欣賞就很有樂趣

つくし牧田
‖ 花園 ‖ つくしまきた

知名的和菓子專門店，聽說有很多特地從札幌等地過來的常客。依季節提供的 款和菓子背後都凝聚了師傅的匠趣。紅豆和白豆都堅持使用北海道當地的產物。隸屬於「小樽職人協會」的一員。

☎0134-27-0813 ☆小樽市花園5-7-2
🕙9:00～17:00 休週日 P有
‼JR南小樽站步行18分
MAP 87 A-3

`店內食用OK`

致力推動自產自銷的和菓子店

隨時都大排長龍的甜點王國
店內洋溢著香甜味道

↑雙層起司蛋糕（完整一個）1575日圓。以焗烤乳酪蛋糕加上馬仕卡邦生乳酪蛋糕製作出多層次的風味，為本店的招牌商品

小樽洋菓子舖LeTAO
‖ 堺町 ‖ おたるようがしほルタオ

位於童話十字路口的西點店。使用北海道嚴選食材所製作的限定商品，每一款都很受歡迎。1樓是陳列著100種以上點心和蛋糕的賣店，2樓設有咖啡廳，可在這裡品嘗喜好的蛋糕。

☎0134-40-5480 ☆小樽市堺町7-16
🕐9:00～18:00（咖啡廳～17:30，視季節會有變動）🈳無休 Ⓟ有
‼JR南小樽站步行7分 MAP 89 E-2

店內食用OK｜這裡也買得到
Doremo LeTAO（千歲店） MAP 113 C-3

在2樓的咖啡廳可以吃到剛烤好的甜點

小樽ミルクプラント
‖ 花園 ‖ おたるミルクプラント

可一次品嘗三種口味的彩虹B 420日圓。

☎0134-22-5192
☆小樽市花園2-12-13
🕐4月中旬～11月上旬、11:00～18:00
🈳營業期間中不定期休
MAP 87 A-3

北のアイスクリーム屋さん
‖ 小樽運河 ‖ きたのアイスクリームやさん

位於北方華爾街旁，霜淇淋300日圓。

☎0134-23-8983
☆小樽市色内1-2-18
🕐10:00～17:00（冬天～16:00）
🈳不定期休
MAP 88 B-2

小樽的
人氣霜淇淋＆冰淇淋

在運河周邊與北方華爾街一帶可見到不少霜淇淋＆冰淇淋店，可買來邊走邊吃。

山中牧場 小樽店
‖ 小樽運河 ‖ やまなかぼくじょうおたるてん

牛奶霜淇淋250日圓，能吃到牛奶的原味。

☎0134-27-5123
☆小樽市色内1-6-18
🕐11:00～18:00
🈳無休，10～4月的週一休（遇假日則照常營業）
MAP 88 B-3

アイスクリームパーラー美園
‖ 小樽站 ‖ アイスクリームパーラーみその

北海道冰淇淋的創始店，冰淇淋450日圓。

☎0134-22-9043 ☆小樽市稲穂2-12-15
🕐10:30～20:00（冬天～19:00）
🈳週二（遇假日則照常營業） MAP 88 B-3

「あまとう」的甜點，在札幌的大通和札幌站北口也吃得到。

前往因鯡魚而繁榮的小樽和擁有人氣水族館的祝津

搭巴士前往陡峭山壁和碧綠大海環繞的漁村祝津來趟小旅行。除了可在小樽水族館看到約265種5000以上的海洋生物之外，還能在這裡體驗美麗的大自然和海洋。

整個繞上一圈
🚗 4.5小時

推薦時段

可從小樽站搭往祝津方向的巴士到小樽貴賓館（舊青山別邸）、水族館、溫泉等地慢慢參觀。祝津是一個與小樽市內完全不同風情的小鎮，建議可從小樽站搭巴士來趟半日遊。

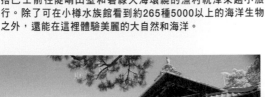

1庭園內百花齊放的 魚御殿（舊青山別邸）　**2**花的天花板畫大廳　**3**八仙人之間

小・小・旅・程・提・案

1
鯡魚御殿 小樽貴賓館（舊青山別邸）
散發著厚重氛圍的舊青山別邸。在四季不同風情讓人陶醉的庭園和拿手料理的「視覺」「味覺」上都能獲得大大的滿足。

2
小樽水族館
若想要仔細欣賞的話得花上一整天。除了海獅，還有生活在北海道沿海的5種類海豹和海象。表演秀也絕不可錯過。

3
祝津全景展望台
巴士下車後沿著坡道向上走，如果天氣晴朗，即可看到一望無際的碧綠大海。

4
HOTEL NEUSCHLOSS OTARU
位於祝津高台、視野極佳的飯店，可在餐廳享用以當地新鮮魚貝烹煮而成的料理。

5
小樽天然溫泉 湯之花「手宮殿」
從祝津返回小樽時可順道去泡溫泉。有租借毛巾等物品的服務，不需任何準備也能輕鬆前往。

鯡魚御殿 小樽貴賓館（舊青山別邸）
にしんごてんおたるきひんかん
（きゅうあおやまべってい）

因鯡魚成為祝津三大漁業經營者的青山家別墅。絢爛豪華的內部裝潢和展示物都相當符合御殿之稱。

歷史建築物　☎0134-24-0024
🏠小樽市祝津3-63
🕐9:00～17:00（1～3月～16:00）
㊡無休　¥1000日圓　‼巴士站祝津3丁目下車後步行5分　MAP 107

海象「Tsurara」的表演
海豚秀表演

小樽水族館
おたるすいぞくかん

以北海的生物為中心，耗費許多功夫的展示和多元的海洋表演秀很有人氣。冬天營業是以「生命的誕生」為主題，可參觀屬於冬天特有的展覽。

水族館　☎0134-33-1400
🏠小樽市祝津3-303　🕐9:00～17:00（10月16日～11月30日～16:00、12月10日～2月底10:00～16:00）　㊡12月1～9日
¥1300日圓（冬天營業1000日圓）
‼巴士站祝津3丁目下車即到　MAP 107

還殘留著鯡漁業繁華的祝津地區

祝津地區如今還殘留著因鯡漁業而繁榮一時的漁村部落痕跡。現在沿岸的住宅和石造倉庫等仍維持當時原本的樣貌。

祝津全景展望台 しゅくつパノラマてんぼうだい

天氣晴朗時，可以眺望海岸線與超過180度視野的整片大海。

展望台 ☎0134-32-4111(小樽市產業港灣部觀光振興室) MAP107

トド岩
祝津全景展望台 P.107
水族館前
鰊御殿・高島岬
P.107 小樽城堡飯店 H
小樽水族館 P.106
下赤岩山
祝津マリンランド
祝津
⑤ 祝津漁港
赤岩山
鯡魚御殿 P.106
高島墓地
小樽貴賓館(舊青山別邸)
記念碑前
祝津2
茅柴岬
自行車10分
市營団地
新高島トンネル
卍高台寺
小樽市
赤岩
正林寺卍
高島
弁天島
中野植物園
新正寺卍
高島漁港
梅ヶ枝町
清水町
手宮公園
P.107
小樽市手宮洞窟保存館
日粉前
総合博物館
北運河
小樽天然温泉湯之花「手宮殿」
藥師神社
P.107
石山町
舊日本郵船(株)小樽支店
錦町
色內 P.85※施工中閉館至2014年春季
色內ふ頭
長橋
第三ふ頭
正行寺卍
小樽港
函館本線
祝津MAP
⑰
富岡
旭展望台
小樽站
周邊圖 ●P.87
上方為北方
坊町
港町
合同庁舎
⑤
東雲町
0　　　　　1km
北一硝子
1:70,000

參觀不可思議的洞窟畫 小樽市手宮洞窟保存館

1866（慶應元）年發現的1600年前古代雕刻遺跡，大正10年被列為國家指定史跡。

史跡 ☎0134-24-1092 ☆小樽市手宮1-3-4 ⊕4月~11月、9:30~17:00 ㊡營業期間中的週二(遇假日照常開館，順延至翌日的平日休館)、假日的翌日(週六、日開館) ¥100日圓 ㊟巴士站綜合博物館下車後步行3分 MAP107

小樽天然温泉湯之花「手宮殿」
おたるてんねんおんせんゆのはなてみやでん

有每天男女交換入浴的和式與洋式大浴場，以及露天浴池等天然溫泉讓人從裡到外都暖活起來。泉質是碳酸氫鈉，並設有按摩區。

當日往返入浴 ☎0134-31-4444 ☆小樽市手宮1-5-20 ⊕9:00~24:00 ㊡無休 ¥600日圓(毛巾套組+300日圓) ㊟於巴士站手宮1丁目下車　札幌、小樽各地有免費接駁車 MAP107

HOTEL NEUSCHLOSS OTARU
ホテルノイシュロスおたる

全客房都是海景房，並附有露天浴池的度假飯店。5~8月之間，由飯店內各處都看得到下沉的夕陽。餐廳可以吃到使用當地季節時材的創作法國菜。

飯店 ☎0134-22-9111 ☆小樽市祝津3-282 ㊟巴士站祝津三丁目下車，步行12分 ●免費接駁巴士(要預約) ●可當日往返入浴 ¥800日圓 ⊕11:00~16:00 MAP107

若搭乘海上觀光船即可欣賞到祝津的不同風貌，連當地人都很難有機會看到。

優雅是女性客群間人氣不墜的原因
入住朝里川溫泉「藏群」

以隱密的高雅旅館而聞名的「藏群」。
貼心的待客服務與輕鬆悠閒的時光。
就來這家充滿舒適氛圍的旅館體驗看看吧！

1 館內的通道。光的陰影與雕刻營造出獨特的空間感　**2** 咖啡廳。在建築設計上也獲得很高的評價　**3** 酒吧「クラルテ」。住房時館內的飲料全部免費　**4** 從大廳看出去的景色。中庭擺設著雕刻家阿部典英的作品　**5** 泉質為弱鹼性溫泉，可改善手腳冰冷、解除疲勞　**6** 全黑倉庫群般的外觀　**7** 泡完溫泉後可選擇喜歡位置的休息空間

朝里川溫泉

從古至今即以小樽的後院為人所熟悉的寧靜溫泉鄉，也是露營區和滑雪場等極具魅力的度假勝地。到小樽市內僅需25分的車程，也是相當方便的觀光據點。

9

11

⑧厚岸產的牡蠣磯蒸柚子銀餡（前方）、積丹產的鮟鱇魚佐白味噌（後方）。融合東西方的懷石料理連同甜點在內共有14道菜。用餐時的飲料也都免費，當地啤酒、特產酒和葡萄酒的種類也很齊全（晚餐的一例）　⑨從客房可眺望庭園的景緻　⑩客房內也有寢室、客廳和溫泉　⑪室內擺放的和風裝飾和小物

10

8

抵達時有抹茶的服務

晚餐前可到圖書室稍作休息

泡完澡後來段優雅的雞尾酒時光

買原創地酒當作伴手禮吧！

只要待在這裡就已經很奢侈了

小樽旅亭藏群　‖朝里川溫泉‖おたるりょていくらむれ

讓人沈澱放鬆的時尚旅亭。客房內有客廳、寢室和浴室，相當寬敞。能在浴室眺望四季美景、感受窗邊吹來的舒適微風。用餐是在別館的包廂，使用當地食材的懷石創作料理每一道都是精心之作。茶室、酒吧、圖書室和畫廊等設備應有盡有。

早餐是一鍋一鍋烹煮的越光米。赤井川山中牧場的牛乳也很濃郁可口。

☎0134-51-5151
⏺小樽市朝里川溫泉2-685　⏱IN15:00 OUT11:00　🛏19　🅿有
🍴JR小樽築港站搭往朝里川溫泉方向的北海道中央巴士約18分，於溫泉坂上下車即到
MAP 87・C-4　●提供從小樽築港站的接送服務（預約制）

費用方案
1泊2食
31650日圓～

感受港町氣氛的
小樽飯店

小樽屬於袖珍型的城市，卻擁有多樣風格的飯店選擇。
有沉浸港町風情的飯店，以及地處小樽築港、朝里川溫泉等近郊溫泉飯店。

住宿費用，是以淡季平日、客房數最多的房型，2人1室利用的情況下以1人的費用為基準。
飯店的費用標示則代表1間客房的費用。

運河旁 旅 **平磯溫泉料亭旅館銀鱗莊** C 🤚
ひらいそおんせんりょうていりょかんぎんりんそう

☎0134-54-7010 🌙1泊2食33750日圓～
🕐IN15:00 OUT11:00 🛏和16、洋2
🍴JR小樽站搭車4分
Ｐ有 MAP 87 B-3

入選為「北海道文化財百選」的本館，是擁
有130餘年歷史與傳統的高級和風旅館。享
受能俯瞰海景和小樽街景、充滿野外風情的
露天風呂，讓身心得到放鬆與舒緩。

運河旁 H **小樽諾德飯店** C 🌙🏠
ホテルノルド小樽

☎0134-24-0500 🛏S6300日圓～、T5250日
圓～ 🕐IN15:00 OUT11:00 🛏S6、T78等
🍴JR小樽站步行7分
Ｐ有 MAP 88 B-2

可欣賞運河和石造建築的歐洲風格飯店。入
口的大片彩繪玻璃和置有噴泉
的中庭營造出優雅的高級感。

小樽站附近 H **小樽歐森飯店** C 煙🛏
オーセントホテル小樽

☎0134-27-8100 🛏S11000日圓～、T22000日圓～
🕐IN14:00 OUT11:00 🛏S28、T16、D28
🍴JR小樽站步行5分 Ｐ有 MAP 89 C-3
POINT離小樽運河和壽司屋通很近，觀光便利。

運河旁 H **小樽運河前索尼亞飯店** C 煙 広 🛏
小樽運河前ホテルソニア

☎0134-23-2600 🛏S4800日圓～、T8000日圓～
🕐IN15:00 OUT11:00 🛏T86、D7
🍴JR小樽站步行10分 Ｐ有 MAP 88 B-2
POINT建於小樽運河前、洋溢著異國情調的飯店。

小樽站附近 H **Hotel Vibrant Otaru** C
ホテルヴィブラントオタル

☎0134-31-3939 🛏S5500日圓～、T9500日圓～
🕐IN15:00 OUT10:00 🛏S14、T16
🍴JR小樽站步行9分
Ｐ有 MAP 89 C-2
POINT由1923（大正12）年的建築物改裝而成、充滿濃郁風情的飯店。

朝里川溫泉 **溫泉 宏楽園** 🤚🏠
おんせん こうらくえん

☎0134-54-8221 🌙1泊2食13650日圓～
🕐IN15:00 OUT10:00
🛏和35、T32 🍴JR小樽築港站搭巴士12分
Ｐ有 MAP 87 C-4

以約2萬坪豐富綠意的腹地引以為豪的旅館。栽種有櫻花、楓樹等各種
植物，四季均有不同的美麗面貌。本館的男女別大浴場、露天風呂、
別館「森之湯屋」（大浴場＋露天風呂、包場風呂）的浴槽，都是汲
取自家源泉、水量豐沛的溫泉。另外還有16間附露天風呂的客房，可
悠閒地享受溫泉。大量使用近海新鮮魚貝和北海道產蔬菜的料裡也深
受好評。漢方精油護膚療程
也很得女性顧客的歡心。

朝里川溫泉 **小樽朝里克拉瑟飯店** C ♨
小樽朝里クラッセホテル

☎0134-52-3800 🌙1泊2食12750日圓～
🕐IN15:00 OUT10:00 🛏洋97，和15等
🍴JR小樽築港站搭車15分
Ｐ有 MAP 87 C-4

觀光便利的度假村飯店。備有男女湯都有的
岩造露天風呂，以及附檜木和陶器2種類露
天風呂的客房，能盡情享受溫泉之樂。還附
設泳池和健身房，很適合喜好運動的旅客。

運河旁 旅 **運河の宿 小樽ふる川** C 新🛏煙🤚🏠
うんがのやど おたるふるかわ

☎0134-29-2345 🛏S5650日圓～、T7150日圓～ 🕐IN15:00 OUT12:00
🛏S5、T32 🍴JR小樽站搭車3分 Ｐ有 MAP 88 B-2
POINT彷彿讓人想起小樽古老美好時代的旅館，腹地內還設有足湯。

小樽港前 H **グランドパーク小樽** C 煙🛏
グランドパーク小樽

☎0134-21-3111 🛏T9000日圓～、D9000日圓～
🕐IN15:00 OUT12:00 🛏T239，D46 🍴JR小樽築港站步行5分 Ｐ有
MAP 87 B-3
POINT能一望石狩灣全景的優雅飯店。

C 可使用信用卡　新 2010年之後開業或重新裝潢　煙 有禁煙房
🤚 有露天浴池　広 單人房以20㎡以上　🛏 正常的退房時間是11時以後　🏠 提供專為女性的服務
旅 旅館　H 飯店　民 民宿　公 公共旅店

前往札幌
近郊景點

只需2小時左右的車程，
就能體驗北海道特有的大自然也是札幌的魅力所在。
在旭山動物園裡，
可觀察元氣十足的動物們模樣。
在以高原度假勝地備受國際矚目的二世古，
能享受滑雪、騎馬、溫泉的樂趣。
清澈透明度日本數一數二的支笏湖，
可泡溫泉盡情享受優雅的湖畔度假風情。

從札幌出發的移動基準

定山溪溫泉

🚃 從札幌站過來需1小時20分

🚌 從札幌中心部過來約25km（約50分）

小樽

🚃 從札幌站過來需32～45分

🚃 從札幌站過來需1小時

🚌 從札幌中心部過來約39km（約45分）

旭山動物園

🚃🚌 從札幌站過來需2小時10分

🚌 從札幌中心部過來約150km（走道央自動車道約2小時）利用、約2時間

二世谷

🚃 從札幌站過來需3小時

🚌 從札幌站過來需3小時

🚌 從札幌市內過來約95km（約2小時20分）

支笏湖

🚃 從新千歲機場過來需55分

🚌 從札幌過來約49km（約1小時25分）

旭川彫刻美術館

宗谷本線

39

櫻岡站

石北本線

40

永山

・スタルヒン球場

南永山站

新旭川站

北日ノ出站

函館本線

旭川站

本町

東旭川站

豐田

旭山

旭川四條站

P.114 旭川市旭山動物園

237

往旭山動物園方向的巴士，從旭川站前5號月台（朝日大樓遺跡、飯店建設中）發車

東旭川

旭川廣域

神樂岡站

富良野線

綠が丘站

忠別川

上方為北方　0　1.5km　1：180,000

新日本海フェリー

石狩湾

223

積丹半島

P.87 小樽整體MAP

5

小樽

P.77 レストラン ランファン・キ・レーブ

P.76 Moere沼公園

日本海

P.18 札幌全體MAP

36

P.77 札幌藝術

P.121 二世古MAP

5

P.78 定山溪MAP

P.126 支笏湖MAP

支笏湖

231

苔之洞門 P.126

道央自動車道

37

豐浦

昭和新山

洞爺湖

俱多樂湖

453

49 伊達

登別

36 室蘭本線

長万部

11

内浦灣（噴火灣）

室蘭

登別室蘭

37

室蘭港

室蘭

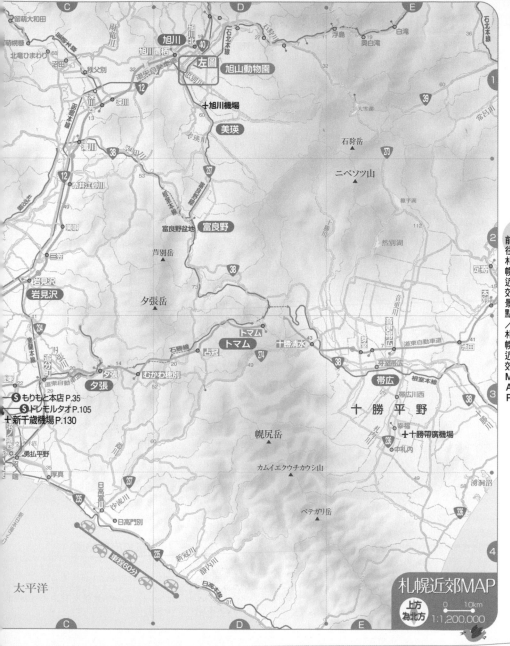

留萌大和田
萌幌棚
北竜ひまわり
沼田

旭川
旭川鷹栖
旭山動物園

左圖

浮島
奥白滝
白滝

石北本線

大雪湖

石狩岳

ニペソツ山

然別湖

足寄

旭川機場

美瑛

富良野盆地
富良野

芦別岳

夕張岳

岩見沢

トマム
トマム
占冠

十勝清水

帯広
帯広川西

十勝平野

幌尻岳

カムイエクウチカウシ山

十勝帯廣機場
中札内

ペテガリ岳

湧洞沼

S もりもと本店 P.35
S ドレモルタオ P.105
新千歳機場 P.130

勇払平野

厚真

日高門別

新冠川

静内川

太平洋

車程60分

札幌近郊ＭＡＰ

上方
為北方

0   10km
1:1,200,000

113

到旭川動物園觀察
可愛又元氣十足的動物們

企鵝在雪地上散步，是冬日的風物詩。
能看到胡麻斑海豹潛水姿態的圓柱型水槽、
黑猩猩玩耍時的模樣等，讓人期待又興奮。

部分照片提供：旭川市旭川動物園

整個繞上一圈
3 小時

12
15
16

推薦時段

入口有正、西、東門3處，
巴士所抵達的是正門。各入
口附近皆有投幣式寄物櫃，
若有大型行李可先寄放再輕
鬆遊逛動物園。參觀時間約
需2~4小時，如欲多次前往
不妨購買參觀護照。

企鵝散步預定是在12
月下旬~3月中旬的積
雪期間進行。可以近距
離看到企鵝們搖搖晃
地走路姿態。

近距離
觀賞企鵝散步

積雪期間限定開設的Toboggan廣場。將企鵝以腹部
滑行的姿態用「Toboggan」(英文是雪橇板之意)來命
名。

旭川市旭山動物園
あさひかわしあさひやまどうぶつえん

☎0166-36-1104 🏠旭川市東旭川町倉沼11-18
🕐4/28~11/3 9:30~16:15、11/18~4/7 10:30~15:00
㊡11/4~11/17、12/30~1/1 💴800日圓 🅿有 🚌JR旭川站搭往旭
川動物園方向的巴士約40分，搭計程車約30分 🗺112 B-1

北極熊館。北極熊跳水時的
姿態、龐大身軀所帶來的震撼
力動作都是牠受歡迎的原因。
在海豹膠囊中能以海豹的視線
觀察北極熊。

每天都7會有
餵食秀喔

海豹膠囊

丹頂鶴館是依沼澤濕地為
藍圖所設計，因此種植許多
在當地生長的植物。能看到
丹頂鶴棲息在什麼樣的地
方，還能觀察牠們捕食泥鰍
和小魚等進食時的模樣。兩
棲類、爬行物館中，則是
展示了北海道的兩棲類和爬
蟲類。

若要避開觀光團人潮，建議可選擇午後前往

觀光團的巴士通常都是在中午前陸續抵達，因此下午遊客
較少。園內從正門通往東門的路是一片寬敞的斜坡，繞來
繞去很容易疲累。建議事先確認餵食秀的時間表，再規劃
參觀順序為佳。

可直接和動物接觸的 兒童牧場，是一塊飼
養了山羊、兔子、雞和驢這類小動物的區
域。也能抱抱這
些動物們。

8月中旬按照慣例會舉辦 夜間動物
園。開園時間延長至PM9：00（入
園～PM8：00）。可看見與白天截然不
同表情的動物們。平家螢漫天飛舞的
螢火蟲小徑也很有人氣。

積雪期間的企鵝散步請在旁安靜地觀賞。

將焦點放在動物身上。
可觀察生態的 "餵食秀"

附飼育員解說的 "餵食秀" ，能在近距離觀察動物們進食的模樣。
彷彿要飛入水中動作敏捷的企鵝、仰頭慢慢放入食物的紅毛猩猩，
動物們充滿活力的舉動讓人不禁發出歡笑聲。

紅毛猩猩館。可以觀察平時在樹上
生活的紅毛猩猩。由於紅毛猩猩怕冷
的原故，冬天只開放室內參觀。

海豹館。可以讓斑
麻斑海豹從窄地交
互來回游泳，還有
能近距離觀察牠們
特殊泳姿的圓柱型
水槽。

餵食秀的時間表會公布在入口處的公佈欄上，
請事先確認後再規畫參觀路線。手機也可查
詢、相當便利。

搜尋>旭山動物園

在猛獸館中，可近距離觀察黑豹、雪豹、遠東豹、獅子和東北虎等動物。另外還有蜘蛛猴、水豚館、鳥類之村和猴山。

企鵝館。360度視野的水中隧道也是大受歡迎的景點之一。從隧道往上看的企鵝彷彿是由頭上飛躍般，還能同時近距離見識到企鵝速度驚人的泳姿。順道一提，世界上最快的企鵝是巴布亞企鵝。

猴山

蜘蛛猴舍、水豚館

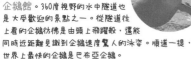

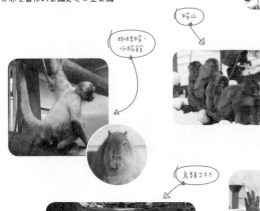

鳥類之村

黑猩猩之森。室外設施模擬非洲的森林和草原環境。走上空中天橋後，可以從各種角度和距離觀看黑猩猩自在活動的模樣。

紅毛猩猩、黑猩猩、蜘蛛猴和白掌長臂猿，於冬天時可觀察牠們在暖氣房室內生活的情形。

園內美食也是讓人期待的重點
伴手禮就選這裡的原創紀念品吧

肚子餓的話就來享用園內的美食。
內用或外帶都OK，
紀念品都是充滿回憶的原創商品。

モグモグテラス

位於東門的高台，一間自產自銷的漂亮餐廳。
☎0166-36-7888 ⏰10:30〜17:30（冬天〜15:30）

MOGMOG盤餐（1300日圓），
可從3〜5道主餐中擇一，並附上
湯品、沙拉、白飯或麵包

配菜顏色豐富、豪華且份量
十足的旭川田舍飯糰750日圓

3個飯糰和炸蝦、牛肉丸等
組合成的企鵝3便當650日圓

旭山動物園くらぶ正門・東門Shop

由贊助旭山動物園的NPO法人所經營。

正門Shop ☎0166-36-5181／東門Shop ☎0166-36-5171
共通⏰9:30〜17:15（冬天10:30〜15:30）

用米飯包料的西式
御飯糰JUNDOG
各390日圓

以湯咖哩作為湯底的咖
哩烏龍麵600日圓，麵
條使用北海道小麥製成

もぐもぐ食堂

位於正門旁的食堂，提供許多
價格合理的餐點。

☎0166-36-8011 ⏰9:30〜16:30
（冬天〜15:00）

旭川拉麵（醬油）650日圓

ファームZOO

販售新鮮現採的蔬菜、加工食品
和簡餐。

☎0166-36-0606 ⏰9:30〜17:15
（冬天休業）

使用特殊栽培的番茄熬製而成的
農場番茄咖哩

旭山動物園くらぶパン小屋

位於西門附近的麵包店，能隨時
享用新鮮出爐的麵包。

☎0166-36-5191 ⏰9:30〜17:15
（冬天10:30〜15:30）

波蘿麵包160日圓（右）、奶油
可頌190日圓（左上）、楓糖胡
桃麵包240日圓（左下）等

用完餐後來份甜點如何？

清爽甜味和濃厚口感極具
特色的午睡布丁各300日
圓

焦糖醬是特色，
以湯匙吃的起司蛋糕
各350日圓

方便邊走邊吃的
起司條各180日圓

旭川動物園號

行駛札幌～旭川之間的期間限定特急列車「旭山動物園號」。車廂內外的彩繪是前旭山動物園的飼育員、現為繪本作家的阿部弘士之作。車內有鶴和企鵝成為座椅的「動物絨毛座椅（ハグハグチェア）」，還有可邊讀繪本邊吃零食遊玩的「モグモグコーナー」。

伴手禮精選

將動物們做成藝術吊飾。阿部弘士吊飾550日圓

真實重現海豹在流冰下游泳姿態的「流冰和海豹」

小貓熊在樹上休息可愛模樣的「樹上的世界」

能拿來當作午餐袋等多用途的原創托特包1260日圓

環保生活的必備品。Thermo Mug各1470日圓

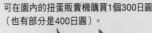

以行動展示為題材的模型

可在園內的扭蛋販賣機購買1個300日圓（也有部分是400日圓）。

可以黏在冰箱等地方的「造型磁鐵」

呈現北極熊躍入池中瞬間的「龐然大物的跳水」

冬季散步模樣的企鵝玩偶893日圓～

觸感柔軟的毛茸茸白熊893日圓

旭山動物園的熱門商品，旭山襪子各500日圓

裝入鄂霍次克海鹽牛奶糖的旭山巾著各480日圓

模樣傻呼呼療癒人心的水豚玩偶525日圓

將攝影師今津秀邦的作品作為封面的筆記本1冊609日圓

在園內各商店可以買到的其他商品 ....

テイルン・テイル
☎0166-36-0088 ○9:30～17:30（冬天10:30～16:30）

厚友会ZOO Shop
☎0166-36-4190 ○9:30～17:15（冬天10:30～15:30）

繪本作家阿部弘士的商品在「旭山動物園くらぶ、東門Shop」裡種類相當齊全，店鋪後方還設有藝廊。

前往札幌近郊景點／旭川動物園

在守護羊蹄山的二世古
享受高原度假村的樂趣

從札幌開車約2小時即可到達二世古。
路途中還可邊欣賞羊蹄山美景，
有許多溫泉和戶外活動等遊樂景點。

整個繞上一圈
6 小時

沿著羊蹄山麓的2條國道276號和5號的周邊景點環繞一周。在札幌～二世古間的路途中，建議可到國道230號旁的望羊中山休息站小憩片刻，這裡的「炸馬鈴薯」很有名。

小・小・旅・程・提・案

1 NAC二世古探險中心
1995年於二世古首次推出泛舟行程的店家。

2 有島記念館
介紹大正時期作家有島武郎的歷史，和可以接觸到藝術作品的文學館。

3 二世古牛奶工房
可享用霜淇淋和泡芙等使用新鮮牛奶製成的甜點。

4 二世古騎馬村
連初學者也能在大自然中輕鬆體驗騎馬的樂趣。

5 大湯沼
二世古湯本溫泉的源泉，到處是濃濃的白色溫泉煙霧和硫磺味。
☎0136-57-5111（蘭越町產業經濟課觀光係）
🏠蘭越町湯の里 ￥免費 P有 ‼JR二世古站搭巴士27分，湯本溫泉下車即到 MAP 121

6 國民宿舍雪秩父
豐富的水量和樸實的風情極具魅力，也很推薦露天浴池はしご。

7 神仙沼
被譽為是二世古周邊最美的沼澤，附近還設有展望台。
☎0135-73-2011（共和町產業課商工觀光科）🏠共和町前田
🕐6～10月，可自由參觀 P有
‼JR二世古站搭車35分 MAP 121

1NAC二世古探險中心的泛舟活動 2有島紀念館 3大湯沼 4神仙沼

可愛的皮革小舖

來親手做做看原創的皮革小物吧！所需時間20分〜。手鐲1575日圓〜、狗狗項圈3150日圓〜、手機吊飾1575日圓〜。

fan fun ファンファン

☎050-7551-2688 ⛺ニセコ町曽我256-3 ⏰1〜10月、10:00〜17:00 ㊡期間中週二 Ⓟ有 ‼JR二世古站搭車10分 MAP 121

---

1 NAC二世古探險中心

エヌエーシーニセコアドベンチャーセンター

可以參加泛舟和越野單車等活動。冬天則以滑雪和滑雪板的課程為主。

戶外活動 ☎0136-23-2093 ⛺倶知安町山田179-3 ⏰8:00〜21:00 ㊡無休 Ⓟ有 ‼JR二世古站搭車15分 MAP 121

2 有島記念館

ありしまきねんかん

有作家有島五郎的介紹，還會舉辦藝術方面的企畫展。從眺望台可眺望二世古連峰的壯觀景緻。

博物館 ☎0136-44-3245 ⛺ニセコ町有島57 ⏰9:00〜17:00 ㊡週一（遇假日則翌日休，5〜9月無休）¥500日圓 Ⓟ有 ‼JR二世古站搭車5分 MAP 121

3 二世古牛奶工房

ニセコミルクこうぼう

可在咖啡廳享用牛奶工房內所販售的甜點。

甜點 ☎0136-44-3734 ⛺ニセコ町曽我888-1 ⏰9:30〜18:00（蛋糕販售10:00〜）㊡無休 Ⓟ有 ‼JR二世古站搭車5分 MAP 121

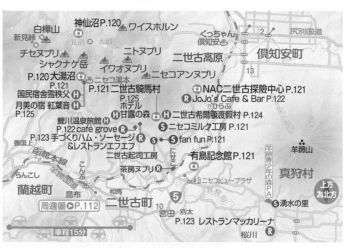

雙人套餐 1300日圓

---

6 國民宿舍雪秩父

こくみんしゅくしゃゆきちちぶ

腹地內的大湯沼為源泉。露天浴池還分為泥風呂、檜風呂和寢湯等浴槽。

溫泉 ☎0136-58-2328 ⛺蘭越町湯里680-2 ⏰9:30〜20:00 ㊡無休 ¥500日圓 Ⓟ有 ‼JR二世古站搭車25分 MAP 121

視野絕佳的露天浴池

4 二世古騎馬村

ニセコじょうばビレッジ

團體、家族或是情侶皆可前來白樺林中散步，還能近距離接觸山羊和兔子。

戶外活動 ☎0136-44-1136 ⛺ニセコ町東山2 ⏰4月下旬〜10月下旬、9:00〜17:00 ㊡期間中無休 Ⓟ有 ‼JR二世古站搭車10分 MAP 121

騎馬行程30分3150日圓

二世古在愛奴語中代表「險峻懸崖的山谷」之意。

伴隨著清爽的微風
在二世古享用高原午餐

守護著蝦夷富士、羊蹄山的二世古，
在美麗的大自然中有許多地點絕佳的咖啡廳和餐廳。
可在舒適宜人的綠意中享受大地的恩惠。

1 每日午間盤餐1000日圓。拍照當天是炸雞塊佐魚醬、酥炸迷你串物、醃菜和沙拉等。餐後的飲料皆可折抵100日圓
2 能享受森林清澄空氣的露天座，寵物同行也OK

在靜謐森林中的餐廳，讓胃口和心情都獲得滿足
Café grove
カフェグローブ

位於稍微偏往アンヌプリ滑雪場道路的森林裡。在聽得見小鳥鳴叫聲的靜謐森林裡，能品嘗到使用當地食材的家庭料理。店內充滿著木質裝潢的溫暖、沉穩氛圍，還設有可攜帶寵物一同用餐的露天座（只限夏季）。每日更替菜色的午餐，以配色繽紛多樣的盤餐呈現。

☎0136-54-2525
⌂ニセコ町ニセコ482
🕐11:30～16:00、18:00～21:00
（冬天除週六、日以外僅晚間營業）🈺週三 🅿有
‼JR二世古站搭車15分
MAP 121

邊欣賞羊蹄山美景邊大啖特製漢堡
JoJo's Cafe&Bar
ジョジョズカフェアンドバー

NAC是策畫許多親近二世古的大自然與各式各樣戶外活動的機構，而這家餐廳就位於NAC作為據點的Center House 2樓。設有可正面眺望羊蹄山的露天座，還能品嘗到已成為二世古名物的JoJo's特製漢堡和比薩。也可只單點飲料。

☎0136-23-2220 ⌂倶知安町
山田179-53 NAC2F
🕐9:00～21:00（冬天11:00～23:00）🈺無休 🅿有
‼JR二世古站搭車15分
MAP 121

1 各種口味的漢堡中最有人氣的特製漢堡920日圓。現點現做，份量十足
2 利用已無人使用的中學體育館移築而成的NCA Center

馬鈴薯共和國的家庭餐廳

手づくりハム・ソーセージ＆レストランエフエフ

てづくりハムソーセージアンドレストランエフエフ

位於綠意環繞的香腸工廠2樓，忠實呈現道地德式香腸口味的餐廳廣受好評。推薦烤香腸套餐（11：00～14：00）。由於是現點現做，所以隨時能吃到熱呼呼的好滋味。其他還有咖哩和香腸搭配的午間套餐1050日圓。

☎0136-58-3162 ⌂ニセコ町ニセコ483-1 ⏰5～10月、1～3月的11:00～15:00(餐廳) 困期間中的週一～四 ℗有 ‼JR二世古站搭往昆布溫泉、二世古山之家方向的巴士12分，於アンヌプリ滑雪場下車即到 MAP 121

1 烤香腸套餐1050日圓。添加荷蘭芹的白香腸、微辣的紅椒味香腸和生香腸的拼盤，並另附沙拉和麵包 2 夏天可在1樓的露天座用餐。店內充滿木質特有的溫暖氛圍

在美景中享用絕品料理

レストランマッカリーナ

能品嘗到利用羊蹄山的甘甜水質和真狩產的當季食材烹煮而成的正統法國菜。主廚是在媒體界也廣為人知的菅谷伸一。料理保留了樸實的野味食材魅力，並以典雅的器皿擺盤裝飾。在享受使用北海道蔬菜製成、彷彿咀嚼大地滋味深具層次感的料理同時，還能透過大片窗戶欣賞真狩的美景。

☎0136-48-2100
⌂真狩村綠网172-3
⏰11:30～14:00、17:30～20:00 週三(11～5月的週一～三休 日營業) ℗有
‼JR二世古站搭車20分
MAP 121

1 拍照當天的主菜是香煎奶油知床地雞，搭配夏季時蔬和真狩產的馬鈴薯泥。午餐有3150日圓、5250日圓、7350日圓等選擇。會根據時節變換菜單，但蔬菜幾乎都使用真狩當地生產 2 擁有大片落地窗的明亮餐廳

身為旅店的マッカリーナ也提供住宿服務。

在以美人之湯聞名的二世古溫泉
讓身心煥然一新

二世古周邊有不少北海道有數的溫泉地。
溫泉設施種類豐富。
不妨來此地試試對身心有益的SPA和健身運動吧。

壯闊的大自然和豐富的戶外活動

二世古
希爾頓度假村
ヒルトンニセコビレッジ

夏天有高爾夫球、騎馬、泛舟、網球和健行等，冬天則可在世界知名的滑雪場享受滑雪樂趣。設有暖爐的大廳散發出沉穩的氛圍，能在此體驗汲取自源泉的露天浴池和SPA渡過悠閒的時光。

☎0136-44-1111 🏠ニセコ町東山溫泉 ⏰IN15:00 OUT11:00 🅿有 🍴JR俱知安站或JR二世古站搭免費接駁車約20分
🗺121

備有各種在豐富大自然中進行的戶外活動

費用方案
1室（2人）附早餐18000日圓～

1 眼前就是整片大自然美景的溫泉 **2** 在「ワッカスパ」裡重新喚醒身心的平衡 **3** 出自知名設計師之手的大廳讓人印象深刻 **4** 開放感十足的窗戶可將二世古的大自然盡收眼底

在泥狀湯花的溫泉和料理中獲得大滿足

月美の宿 紅葉音 つきみのやど あかはね

位在大湯沼旁的旅館。可邊眺望二世古的群山美景邊入浴的露天浴池，是使用100％的源泉流水。用餐則是在包廂內享用以北海道產食材為中心的會席料理。

佇立於二世古深處的獨棟隱蔽旅館

☎0136-59-2881
⚘蘭越町湯里680-13
🕐IN15:00 OUT10:00
🅿有
🍴從ニセコ道の駅（公路休息站）搭車約20分，或JR二世古站有免費接駁車（需預約）
MAP 121

費用方案
1泊2食平日13650日圓～
假日前日15750日圓～
附特別展望浴池的客房方案
1泊2食平日26250日圓
假日前日29400日圓

1 讓人捨不得離開的客房露天浴池
2 豪華的會席料理讓口腹大大滿足
3 充滿木質溫暖氛圍的館內

在翠綠森林中的豪華SPA度假村

ホテル 甘露の森 ホテル かんろのもり

不論是浴室還是館內，全都飄散著優雅的高級感。客房採東西融合的摩登設計。座落在二世古森林中的「森天空露天浴池」讓人彷彿沉浸在一片綠意之中。簡約設計的大浴場則散發著沉穩的氛圍。

摩登的建築與美麗的館內裝潢

費用方案
1泊2食（2人1室）平日1人12000日圓～
假日前日14000日圓～

☎0136-58-3800 ⚘ニセコ町ニセコ415 🕐IN15:00 OUT11:00
🅿有 🍴JR二世古站搭車約10分，有免費接駁車 MAP 121

1 可單獨使用的個室露天浴池 2 利用當地蔬菜和積丹半島的海鮮所搭配的豐富料理 3 在健身房內重新喚醒身體的活力

在二世古山系中有許多溫泉。二世古度假村觀光協會（☎0136-43-2051）的「二世古溫泉巡禮護照（1人1400日圓、可使用3處溫泉）」相當划算。

前往支笏湖的蔚藍世界
開車環繞碧綠的湖畔

支笏湖在愛奴語中指的是窪地和山谷之意。
保留著北海道大自然風情的天然森林，
是交通便利的人氣觀光景點。

整個繞上一圈
4小時

推薦時段

從支笏湖巴士站步行數分即
可抵達遊客中心、觀光船搭
乘處和餐飲店等，散步相當
方便。再稍微走遠一點，還
可到野鳥之森和苔之洞門等
充滿大自然美景的觀光景
點。

1day・信・步・漫・遊

1 支笏湖遊客中心

從札幌走國道453號約1小時可抵達湖畔，再往前約8km即
支笏湖遊客中心。
首先先在這裡認識支笏湖周邊的自然環境和關於野生動物
的訊息吧。

2 支笏湖觀光船

搭乘觀光船到群青色的神祕湖底來段水中散步。
聳立的「柱狀節理」和砂地的波紋等景觀都很值得一看。

3 支笏湖野鳥之森

位於湖畔的キムンモラップ山中的森林散步路線，可在觀察
野鳥的同時享受森林浴。

4 苔之洞門

是一條在熔岩裂縫形成的峽谷中覆蓋著綠色青苔的迴廊。
由於有崩落的危險，因此僅開放入口參觀。

支笏湖 しこつこ

擁有引以為傲的日本第二深水位和極高
透明度的破火山口湖。由於保有未經人
工開發的自然景觀，因此成為淡水潛水
和賞鳥的最佳景點，在玩家間享有極高
的人氣。夏天還可享受泛獨木舟和騎自
行車的樂趣。

遊客中心

湖 ☎0123-25-2404（支笏湖遊客中
心）⛩千歲市支笏湖溫泉 ⏰4月～11月
9:00～17:30（無休）、12月～3月9:30～
16:30（週二休）🅿有（要付費）
‼巴士站支笏湖（終點）下車即到 MAP 126

地圖

上方
為北方

車程10分

453 紋別岳▲ 千歲市

P.129 しこつ湖鶴雅リゾートスパ水の謌 H
P.128 支笏湖第一寶亭留 翠山亭 H

🏨いとう
H 丸駒溫泉旅館 P.129

支笏湖

P.127食事処 寿 R
P.127カフェ アウル C

レイクサイドヴィラ
P.129 翠明閣
P.126 支笏湖觀光船
P.126 支笏湖遊客中心
休暇村支笏湖 H
P.126 支笏湖野鳥之森

支笏湖 P.126

支笏国道

276

（約3km）P.126 苔之洞門

周邊圖 ◎P.112

什麼是支笏湖BLUE？

這是指將支笏湖的湖水結凍後，製成的冰雕所呈現的神秘藍色。可在每年1月下旬～2月中旬舉辦的「冰濤祭」中觀賞到。

1邊享受湖畔兜風之樂、邊欣賞豐富的原生林和清澈的湖水美景 2可在支笏湖的遊客中心利用觸控面板、模型和大畫面螢幕等設備瞭解支笏湖的自然生態
3支笏湖觀光船於4月中旬～11月上旬的8：40～17：10營運（視時期會有變動），大人1200日圓 4沉浸在大斑啄木鳥和白頰山雀等蟲鳴鳥叫聲中的支笏湖野鳥之森。可自由參觀 5苔之洞門開放時間於6月上旬～10月下旬的9：00～17：00（停車場～16：00）。可免費參觀
※由於有崩落的危險僅開放入口參觀

接下來要去哪兒呢？　P.128　不如到支笏湖來趟溫泉三昧之旅？

支笏湖即使在冬天也不會結冰的理由

支笏湖被譽為日本最北的不凍湖。其理由是因為有363m的最大水深和不時吹拂的強風所造成，甚至在2001年還因為久違23年的湖水結冰而登上新聞。

前往札幌近郊景點／前往支笏湖的蔚藍世界

在這裡享用支笏湖的當地美食

食事処 寿 しょくじどころことぶき

支笏湖名產的姬鱒料理專賣店。
搭配簡單的酥炸姬鱒、握壽司和醃漬魚肉等2000日圓的特製壽套餐很有人氣。

和食 ☎0123-25-2642 ⌂千歲市支笏湖溫泉 ⏰4月下旬～11月中旬、10:30～20:00 休營業期間中無休（1月下旬～2月下旬的冰濤祭期間照常營業）P無 ‼巴士站支笏湖（終點）下車步行3分 MAP 126

姬鱒壽司1700日圓

カフェ アウル

位於商店街小路裡的一棟小木屋咖啡廳。
口感濃郁並散發自然甘甜的手工布丁500日圓堪稱絕品，咖啡也是一杯一杯現磨現沖。

咖啡館 ☎0123-25-2590 ⌂千歲市支笏湖溫泉 ⏰9:00～17:00 休週三不定休 P無 ‼巴士站支笏湖（終點）步行3分 MAP 126

每年10月舉辦的「支笏湖紅葉祭」裡，會提供在染成各種顏色的樹下，免費提供蕈菇湯等。

在清澄的支笏湖畔旁
享受暖呼呼的溫泉三昧

保有豐富大自然的支笏湖，是一處以美人之湯聞名的溫泉地。
無論春、夏、秋、冬何時造訪，都能讓身心徹底放鬆。
就在極具特色的下榻旅館留下難忘的回憶吧。

■以岩石堆砌的露天浴池 ②雙人房內也散發著日式的溫暖氛圍 ③也有稍微奢侈的庭園露天浴池特別客房 ④設有附地爐的用餐區 ⑤青森檜木和以銅葺建造的屋頂為旅館的象徵

充滿寧靜和悠閒氛圍的湖畔隱密旅館

支笏湖第一寶亭留 翠山亭

しこつこだいいちほてるすいざんてい

旅館位於支笏洞爺國家公園的特別區內，四周圍繞在一片未經人工修飾的大自然中。除了附庭園露天浴池和展望露天浴池的客房外，還備有能在客房內享受溫泉的SPA客廳雙人房等重視隱私的風雅型客房。大浴場能能感受歷史氣息的古代檜木，還有能享受從支笏湖吹來涼風的露天岩浴池。可品嘗到使用北海道食材烹調、充滿季節感的會席料理。

費用方案

標準雙人房（山側）
1泊2食平日17325日圓～、
假日前日18900日圓～

附庭園露天浴池的特別客房
1泊2食平日33600日圓～、
假日前日36750日圓～

飯店 ☎0123-25-2323
🏠千歲市支笏湖溫泉
🕐IN15:00 OUT11:00
🛏和1、洋23、和洋5
🅿有 🚌巴士站支笏湖（終點）步行3分 MAP126
●有接送服務（需預約）
●有露天浴池
●當日往返入浴OK 2675日圓～（需預約）

緊鄰支笏湖畔的SPA

如欲前往支笏湖畔的度假村SPA，也相當推薦「レイクサイドヴィラ翠明閣」。全部只有8間客房，能充分享受奢華的私人度假時光。MAP 126

①可眺望湖面美景的展望露天浴池女湯
名產姬 ②有時在料理中也會出現這裡的
名產姬 ③靠山側的客房洋溢著綠意

親身感受與湖泊合而為一的老字號旅館

丸駒溫泉旅館 まるこまおんせんりょかん

佇立於支笏湖畔90餘年的旅館老舖。與湖面相連結的無色透明天然露天浴池相當有名。其他還有茶褐色溫泉的展望露天浴池，以及可包場使用的露天浴池。

費用方案
1泊2食平日10800日圓～、
假日前日12800日圓～
初太郎物語「地爐會席膳」
1泊2食平日13300日圓～

飯店 ☎0123-25-2341
⌂千歲市幌美內7 ⌚IN15:00
OUT10:00 室和51、洋1、和洋4
Ｐ有 ‼巴士站支笏湖(終點)搭
車15分
MAP 126

可包場使用的露天浴池「駒之湯」（需付費）

以水的療癒力創造出美麗身心

しこつ湖鶴雅リゾートスパ水の謌

しこつこつるがリゾートスパみずのうた

著重在健康和美容的度假飯店。提供溫泉、餐飲、運動和護膚等全方位的服務，讓顧客享受期待的美容效果。

飯店 ☎0123-25-2211
⌂千歲市支笏湖溫泉
⌚IN15:00 OUT10:00
室和洋36、洋13、特別室4
Ｐ有 ‼巴士站支笏湖(終點)下
車即到 MAP 126

費用方案
1泊2食平日18900日圓～、
假日前日21000日圓～
在陽台附按摩浴池的和洋室內渡
過優雅時光～更高級的自助餐
1泊2食平日27300日圓～

備有許多從臉部到身體的各式護膚療程

①讓肌膚觸感變得滑嫩的美人之湯
料理在視覺上也是種享受 ②可一望中庭的寬敞和洋室 ③創意

「支笏湖野鳥之森」 MAP P.126入口 前方的休暇村園地旅客較少視野佳，是適合小憩片刻的好地方。

備有多種娛樂設施
新千歲機場航廈讓候機時間變得更有趣了

北海道的玄關口、從小孩到大人都能充分享受樂趣的新千歲機場航廈裡，
有電影院、溫泉、博物館和工廠等娛樂設施完善。
光顧著享受美食和購物都讓人忘了時間。

新千歲機場溫泉 万葉の湯 國內線 4F 綠洲公園

有4種類的浴槽、三溫暖、
身體SPA等服務的道地溫泉
設施。基本費用中也包含館
內替換衣物和毛巾的費用。

☎0123-46-4126
🕐10:00～翌9:00
㊡無休
💴大人(中學生以上)1500
日圓
(翌1:00以後追加1500日圓)

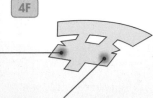

4F

國內機場首創引進天然
溫泉的舒壓設施

じゃがポックル電影院 日本國內線4F 綠洲公園

日本第一間機場電影院，導入最新放
映設備與高音質音響，還能播放3D電
影。

☎0123-46-4150(語音導覽) 🕐9:00～24:00
(視放映作品而異) ㊡無休 💴一般1700日圓

總共3個廳377個座
位，每廳均設有特別席

工藝品雜貨區
日本國內線 2F 購物世界

有很多北海道特有的工藝品和雜貨。

どさんこ産直市場
日本國內線 2F 購物世界

可以買到北海道的生鮮食品。

綜合伴手禮區
日本國內線 2F 購物世界

Sweets Avenue
日本國內線 2F 購物世界

北海道內知名店家的甜
點都齊聚一堂。

2F

新千歲機場
しんちとせくうこう

☎0123-23-0111 (機場綜合導
覽) 🕐6:20～23:00 ㊡無休
 113 C-3

↙ 國際線航廈

※國際線航廈和日本國內線航廈之間有通道相連接。

新千歲機場限定商品琳瑯滿目

很多只有在機場才吃得到買得到的東西。像是Le TAO的「zuccotto」、もりもと的「北海道起司蛋糕」、星巴克的限定菜單,皆很受歡迎。

北海道美食區
日本國內線 3F 美食世界

聚集了只有在北海道才吃得到的美食。

美食廣場
日本國內線 3F 美食世界

適合想要迅速解決用餐或是和全家一起用餐的人。

市電通食堂街
日本國內線 3F 美食世界

可在昭和時代的氛圍中享受北海道的當地美食。

北海道拉麵道場
日本國內線 3F 美食世界

札幌、旭川、函館等地的有名拉麵大集合。

3F

↙ 國際線航廈

甜點區
連絡通道 3F Smile Road

冰淇淋、蛋糕等甜點店和咖啡廳的大集合,設有休息空間所以可以當場品嘗。

© Margarete Steiff GmbH 2012

Steiff
自然世界

連絡通道 3F Smile Road

1880年誕生於德國、世界第一家製作泰迪熊的Steiff公司。除了展示貴重的泰迪熊收藏品外,還販賣外面店舖沒有陳列的商品。

☎0123-45-8510 ⏰10:00~18:00、商店9:30~18:30(6~9月9:00~19:00) ㊡無休 ¥600日圓

哆啦A夢空中樂園
連絡通道 3F Smile Road

除了哆啦A夢秘密道具為主題的園區(付費)之外,還有商店區和咖啡區。

☎0123-46-3355
⏰園區10:00~17:30、商店10:00~18:30、咖啡區10:00~17:00
㊡無休 ¥600日圓

© 藤子プロ・小学館・テレビ朝日・シンエイ・ADK

Royce' Chocolate World
連絡通道 3F Smile Road

日本首家在機場內設立的巧克力工廠,可透過玻璃窗觀賞工廠製作商品的樣子。商店內有許多適合買來送禮的輕巧可愛造型巧克力。博物館中展示著以巧克力為主題的各項展示品。

☎0120-612-453 ⏰9:00~20:00(工廠10:00~17:00) ㊡無休 ¥免費

Royce' Pop Chocolate
1支158日圓

國內線3F的「空博物館」,有可體驗操縱飛機的模擬飛行等(需付費)。

超大飯糰

約兩碗飯份量做成的飯糰內有滿滿的餡料，有秋鮭和鮭魚卵綜合等其他數種口味。1個310日圓～／佐藤水產（2F）
※前日之前需以電話預約
☎0123-46-5826 ◷6:45～20:00

てまり壽司

外觀美麗，方便取用。份量精簡，所以受到女性歡迎。850日圓／実演空弁北の味覚すず花（2F）
☎0123-46-5939 ◷7:00～20:30

鹽味拉麵

使用北海道產的昆布，濃郁的鹹味為決定性關鍵。品嘗道地的函館鹽味拉麵。750日圓／あじさい（3F）
☎0123-45-8550 ◷10:00～20:00

朝市的媽媽套餐

烤花魚已經很讓人滿足了，還另外附上鮭魚和魚卵蓋飯（小）。搭配啤酒就更加享受了。1680日圓／朝市食堂（1F）
☎0123-46-5750 ◷7:00～20:30

愛上北海道

上飛機前的
美食時間

登機之前，再品嘗一次北海道美食。
挑選能成為美好回憶的喜好味道。

豬肉蓋飯

使用十勝產坎柏豬的里脊肉，塗上秘傳醬料燒烤而成的絕品豬肉蓋飯。1260日圓／ドライブインいとう 豚丼專門店 豚丼名人（3F）
☎0123-46-4200 ◷10:00～19:45

義大利式冰淇淋

有Speciale、Hokkaido Mercato、Dolceria等種類豐富，色彩鮮豔讓人目不轉睛。單球380日圓～／ミルキッシモ（2F）☎0123-45-7177 ◷9:00～20:00

天空聖代

新千歲機場限定販售的聖代。飛機形狀的北海道產南瓜餡讓口感更加豐富。普通SIZE 450日圓／よつ葉ホワイトコージ（2F）
☎0123-46-2188 ◷8:00～20:00

松尾成吉思汗烤肉

推薦選擇能品嘗2種類的成吉思汗烤肉、附一杯飲料的2989套餐（Nikuyaku）。2989日圓／松尾ジンギスカンまつじん（3F）☎0123-46-5829 ◷10:00～21:00

夢不思議

芳香的派皮內填滿了使用北海道鮮奶油的特製卡士達。特大號的泡芙，3個裝480日圓／北菓樓（2F）
☎0123-46-2226 ⏰8:00～20:00

黑胡椒花林糖

添加大量的黑胡椒以純手工慢慢製作而成。麻辣的口感與啤酒也很搭。378日圓／北かり（連絡通道3F）☎0123-45-6520 ⏰9:00～20:00

Royce' Flower Chocolate

以北海道的花卉為主題製作的巧克力，可愛的造型讓人捨不得品嘗。420日圓／Royce' Chocolate World（連絡施設3F）☎0120-612-453 ⏰9:00～20:00

六花亭 新千歲發

將藍靛果奶油乳酪包在白巧克力中，再加上派皮製成夾心派。擁有酥脆口感和清爽酸味的限定商品，1個150日圓／スカイショップ小笠原（2F）
☎0123-46-2021 ⏰7:00～21:00

有沒有忘了買的東西呢？

登機前的
最後購物

若在當地忘記採買伴手禮也沒關係。新千歲機場內有各式各樣的北海道名產。就將購物當作是旅遊的最後行程吧！

「雪」柔軟鑰匙圈
（3F Steiff自然世界）

只有這裡才有販售的限定版泰迪熊。以雪的白色為基調，緞帶則是象徵新綠季節的顏色。2520日圓／Stiff自然世界（連絡通道3F）☎0123-45-8510 ⏰10:00～18:30

美瑛的玉米麵包
美瑛的豆子麵包

使用美瑛產小麥和乳製品、玉米、5種豆類所製成的麵包，只要一出爐馬上就銷售一空的人氣商品。各5個裝1050日圓／JAびえい 美瑛選果（2F）
☎0123-46-3300 ⏰8:00～20:00

北之寶石箱

嚴選食材、精心製作的皺紋盤鮑和鮭魚卵、魷魚、昆布等的豪華醬油醃漬食品。2500日圓／札幌シーフーズ（2F）
☎0123-45-6767 ⏰7:30～20:00

北海道拉麵布丁

裡面的配料全都是由甜點製成，吃完後的碗公還可拿來使用的有趣甜點。630日圓／北海道本舖 總合土產店（2F）
☎0123-46-5352 ⏰7:30～20:30

利用購票折扣和優惠方案
前往札幌的空路玄關、新千歲機場

從全國各地均有直飛航班可前往新千歲機場。
有JAL、ANA、SKY、ADO等多家航空公司運行。
可依時段和價格等，選擇適合自己的班機。

直飛航班和早鳥優惠等資訊
請提早做確認

從全國各地均有直飛航班可前
往新千歲機場，但僅東京、成
田、名古屋有直飛航班到旭川
機場。在面積廣大的北海道內
各地均設有機場，因此請依照
目的地選擇利用機場。

從新千歲機場前往札幌站的交通方式
JR快速Airport　36分1040日圓（自由座）
（JR北海道電話服務中心☎011-222-7111）
巴士　80分1000日圓（北海道中央巴士☎011-231-0500）

航空公司洽詢電話

ANA（全日空）
☎0570-029-222

JAL（日本航空）
☎0570-025-071

ADO（北海道國際航空）
✉0120-057-333

SKY（Skymark航空）
☎050-3116-7370

IBX（IBEX航空）
✉0120-686-009

FDA（富士夢幻航空）
☎0570-55-0489

APJ（樂桃航空）
☎0570-200-489

JJP（捷星日本航空）
☎0570-550-538

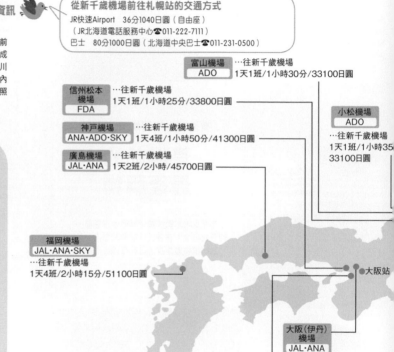

富山機場　…往新千歲機場
ADO　1天1班/1小時30分/33100日圓

信州松本機場　…往新千歲機場
FDA　1天1班/1小時25分/33800日圓

小松機場
ADO
…往新千歲機場
1天1班/1小時35分/33100日圓

神戶機場　…往新千歲機場
ANA·ADO·SKY　1天4班/1小時50分/41300日圓

廣島機場　…往新千歲機場
JAL·ANA　1天2班/2小時/45700日圓

福岡機場
JAL·ANA·SKY
…往新千歲機場
1天4班/2小時15分/51100日圓

大阪站

大阪（伊丹）機場
JAL·ANA
…往新千歲機場
1天3班/1小時50分/41300日圓

大阪（關西）機場
JAL·ANA·APJ·JJP
往新千歲機場…
1天13班/1小時50分/41300日圓

名古屋（中部）機場
JAL·ANA·SKY·JJP　ANA
往新千歲機場…
1天16班/1小時40分/37600日圓
往旭川機場…
1天1班/1小時45分/41100日圓

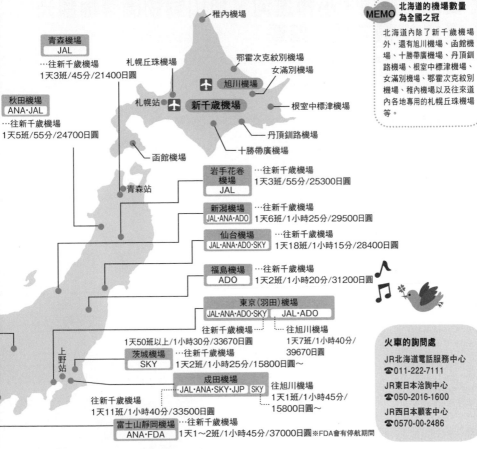

MEMO 北海道的機場數量為全國之冠

北海道內除了新千歲機場外，還有旭川機場、函館機場、十勝帶廣機場、丹頂釧路機場、根室中標津機場、女滿別機場、鄂霍次克紋別機場、稚內機場以及往來道內各地專用的札幌丘珠機場等。

稚內機場

青森機場
JAL
…往新千歲機場
1天3班/45分/21400日圓

札幌丘珠機場

鄂霍次克紋別機場
女滿別機場

旭川機場

札幌站　新千歲機場

秋田機場
ANA・JAL
…往新千歲機場
1天5班/55分/24700日圓

根室中標津機場

丹頂釧路機場
十勝帶廣機場

函館機場

青森站

岩手花卷機場
JAL
…往新千歲機場
1天3班/55分/25300日圓

新潟機場
JAL・ANA・ADO
…往新千歲機場
1天6班/1小時25分/29500日圓

仙台機場
JAL・ANA・ADO・SKY
…往新千歲機場
1天18班/1小時15分/28400日圓

福島機場
ADO
…往新千歲機場
1天2班/1小時20分/31200日圓

東京(羽田)機場
JAL・ANA・ADO・SKY　　JAL・ADO
…往新千歲機場　　…往旭川機場
1天50班以上/1小時30分/33670日圓　1天7班/1小時40分/39670日圓

上野站

茨城機場
SKY
…往新千歲機場
1天2班/1小時25分/15800日圓～

成田機場
JAL・ANA・SKY・JJP　SKY
…往新千歲機場　　往旭川機場
1天11班/1小時40分/33500日圓　1天1班/1小時45分/15800日圓～

富士山靜岡機場
ANA・FDA
…往新千歲機場
1天1～2班/1小時45分/37000日圓 ※FDA會有停航期間

火車的詢問處
JR北海道電話服務中心
☎011-222-7111
JR東日本洽詢中心
☎050-2016-1600
JR西日本顧客中心
☎0570-00-2486

 搭火車前往

人氣很高的寢台特急「仙后座號」和「北斗星號」，可由車窗眺望沿途景色、優雅地享用晚餐邊一路朝目的地前進，相當推薦。

● 前往北海道的主要寢台列車

列車名	出發車站	主要經由車站	抵達車站	所需時間	合計車資（出發車站～抵達車站間的車資和特急費、寢台費等）
仙后座號(週3班)	上野(16:20)	函館(5:02)	札幌(9:32)	17小時12分	34200日圓（Cassiopeia Twin 2人利用時的1人份費用）
北斗星	上野(19:03)	函館(6:35)	札幌(11:15)	16小時12分	27170日圓（2段式B寢台）
Twilight Express(週4班)	大阪(11:50)	登別(8:11)	札幌(9:52)	22小時2分	25620日圓（B Compartment）

路線和票價、所需時間等為2013年9月時的資料，請自行確認出發時的最新資訊。與JAL、ANA飛航相同路線的ADO、SKY、FDA、APJ、JJP等班機，票價設定都低於本書記載的JAL、ANA票價。飛機的票價，包含了一般時期單程經濟艙票價和旅客設施等的利用費在內。部分時間會有臨時航班飛航，旺季時除了會加價之外，航空燃料的價格變動，也可能導致票價的不同。

要前往札幌、小樽運河、旭山動物園等地觀光 搭乘JR最方便、簡單

JR連結了札幌、小樽、旭川等與北海道各主要都市之間。
在都市間的遠距離移動時，可悠閒眺望車窗外的風景。
或是搭配從各車站租車等方式享受旅遊樂趣。

從新千歲機場 輕鬆前往各都市

於飛機起降的營運期間，新千歲機場—札幌—小樽間約每隔15～30分鐘就有快速「Airport」運行，札幌—旭川間約每隔30分～1小時有直達特急運行。

詢問處

北海道中央巴士
☎011-231-0500
道南巴士
☎0143-45-2131
富良野巴士
☎0167-23-3131
道北巴士
☎0166-23-4161
旭川電氣軌道
☎0166-23-3355

札幌→小樽

鐵道	快速「Airport」（自由座）每小時2班（札幌發10:00～20:00）32分 620日圓
巴士	北海道中央巴士等　おたる號 每小時3～8班　1小時　590日圓
車	札幌站前→札幌北IC→札幌自動車道→小樽IC→小樽站前　39km　45分　1200日圓

小樽→二世古

鐵道	JR函館本線普通　1天7班　1小時30分～2小時10分　1410日圓
巴士	北海道中央巴士「高速ニセコ號」（札幌發車）1天3班　1小時50分　1600日圓
車	小樽站前→國道5號→二世古站前 74km　1小時40分

小樽

朝里川温泉

定山渓温泉

札幌

二世古

支笏湖

洞爺湖温泉

札幌→洞爺湖溫泉

鐵道＋巴士	特急「北斗、スーパー北斗」1天6～8班→洞爺站換車→道南巴士 鐵道　1小時45分～2小時　5760日圓（普通車對號座）　巴士　18分　320日圓
巴士	道南巴士　1天6班　2小時40分　2700日圓
車	札幌站前→國道230號→洞爺湖　103km　2小時15分

札幌→支笏湖

| 車 | 札幌站前→國道230號、453號→支笏湖 49km　1小時25分 |

MEMO 要如何前往旭山動物園？
📖 P.114

從札幌站搭函館本線特急スーパーカムイ等（每隔30分～1小時1班）到旭川站，所需1小時20～30分、4680日圓（普通車對號座）。從旭川站前搭往旭山動物園方向的巴士約40分、400日圓。從旭川機場搭往旭山動物園方向的巴士約35分、500日圓。

札幌→旭川

鐵道	特急「スーパーカムイ」等 每小時1～2班　1小時25～30分　4680日圓（普通車對號座）
巴士	北海道中央巴士等「高速ふらの號」等 每小時1～3班　2小時5分　2000日圓
車	札幌站前→札幌IC→道央自動車道→旭川鷹栖IC→ 旭川站前　139km　1小時55分　3250日圓

旭川→旭川機場

巴士	旭川電氣軌道巴士等　35分　570日圓
車	旭川站前→國道12號、237號→道道37號→ 旭川機場　20km　35分

旭川→富良野

鐵道	JR富良野線普通　1天11～12班　1小時20分 1040日圓
巴士	富良野巴士　1天8班　1小時35分　860日圓
車	旭川站前→國道98號、國道237號→富良野站前 57km　1小時20分

MEMO 巡訪道內各地的觀光巴士

也有從札幌站起迄、全程10小時以上，巡訪富良野、美瑛的行程（大人6900日圓）等方案可選擇（預約制）。夏天限定。行程、所需時間和費用每年都會變動。

札幌→富良野

鐵道	特急「スーパーカムイ」等　每小時1～2班→瀧川站換車→JR根室本線 快速、普通　1天10班　2小時30分　4030日圓（特急普通車指訂席）
巴士	北海道中央巴士「高速ふらの號」　1天10班　2小時30分　2200日圓
車	札幌站前→札幌IC→道央自動車道→三笠IC→道116號、國道452號、 道道135號、國道38號→富良野站前　115km　2小時　1250日圓

札幌→新千歲機場

鐵道	快速「Airport」　每小時4班（札幌發7:00～19:00）　36分 1040日圓（自由座）
巴士	北海道中央巴士　每小時1～2班　1小時20分　1000日圓 除此之外還有北都交通各聯絡巴士
車	札幌站前→札幌南IC→道央自動車道→新千歲空港IC→道道1175號、 1091號、130號→新千歲機場　48km　55分　950日圓

JR優惠車票

JR有推出來回等優惠車票，可先到窗口依行程的目的地和移動天數洽詢。

●自由座來回優惠車票（S-ticket）
可乘坐特急普通車自由座的來回優惠車票（6天內有效）

●對號座來回優惠車票（R-ticket）
可乘坐特急普通車對號座的來回優惠車票（6天內（部分區間8天內）有效）

鐵道、巴士的車資、所需時間等數據均為2013年9月的資料，最新的資訊請再確認。
巴士會依季節變換運行班表，請事前再做確認。

若有預定到郊外走走
抵達機場後就先去租車吧！

租車旅遊，就不用擔心行李的問題了。
抵達機場後，隨即可展開北海道之遊。
推薦給同時想逛市區和大自然的人。

善用優惠方案

租車時，除了上網申請可享折扣外，還有下列的方案可選擇。

❶JR Rail & Rent-A-Car
搭乘JR線合計達201km以上。搭JR到租車車站為止的距離若有101km以上，即可利用JR線購票折扣的「JR Rail & Rent-A-Car」。
※乘客多則無法打折

❷團體旅遊
若旅行團的自選行程中有租車選項的話，即可享優惠價格。

可選擇機場租車、機場還車，或是在目的地還車也OK

租車的費用分別以6小時、12小時、24小時計價。必須事前預約，若於HP等處預約即可享優惠方案。原則上以信用卡付費為主。

享受一趟安全、愉快的駕駛旅程

北海道的道路寬敞、開起來很輕鬆，加上視線常會被周圍的風景吸引，所以容易輕忽駕駛安全。為了能有愉快的旅程請務必隨時注意行車安全。

❶提前補給汽油
北海道越往地方走加油站就越少，所以請提前加好油。

❷注意野鹿
支笏湖周邊和十勝、道東方面，野鹿和狐狸常出沒在馬路上，也因此造成意外事故。尤其夜間駕駛時得特別小心。

❸遵守速限
北海道幅員廣闊，常會不自覺地加快油門，請嚴守速限規定安全駕駛。

詢問處

SKY租車（新千歲機場）
☎0123-40-8887

NISSAN租車
☎0120-00-4123

TOYOTA租車
☎0800-7000-111

NIPPON租車
☎0800-500-0919

ORIX租車
☎0120-30-5543

從機場要如何開車前往札幌／小樽／旭川？

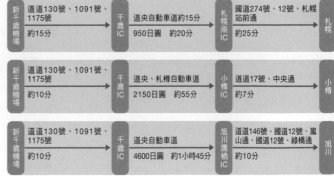

新千歲機場	道道130號、1091號、1175號 約15分	千歲IC	道央自動車道約15分 950日圓 約20分	札幌南IC	國道274號、12號、札幌站前通 約25分	札幌
新千歲機場	道道130號、1091號、1175號 約10分	千歲IC	道央・札樽自動車道 2150日圓 約55分	小樽IC	道道17號、中央通 約7分	小樽
新千歲機場	道道130號、1091號、1175號 約10分	千歲IC	道央自動車道 4600日圓 約1小時45分	旭川鷹栖IC	道道146號、國道12號、嵐山通、國道12號、綠橋通 約10分	旭川

●租車的費用明細

| 基本費用 |
| + |
| 附加選項費用 |
| + |
| 汽油費用 |
| + |
| 甲地租乙地還費用 |

●租車基本費用的基準（旺季時會調高費用）

CC級數	車型	12小時以內	24小時以內	次日起每天
1000cc	Vitz等	5250日圓	6825日圓	5775日圓
1300cc	RACTIS等	6300日圓	7875日圓	6300日圓
1500cc	Corolla等	7875日圓	9450日圓	7875日圓
2500cc	MARK X	11550日圓	14700日圓	11550日圓

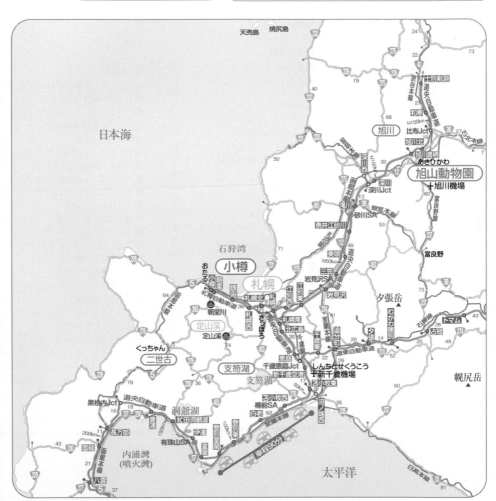

index

札幌

英文字母

Ⓣ 主要景點　Ⓡ 餐廳　Ⓒ 咖啡廳　Ⓢ 商店　Ⓗ 飯店　Ⓢ 溫泉

小樽

英文字母

日文假名

2〜3劃

🏛 主要景點　🍴 餐廳　☕ 咖啡廳　🛒 商店　🏨 飯店　♨ 温泉

ことりっぷ co-Trip 小伴旅

札幌・小樽
二世古・旭山動物園

【 co-Trip日本系列 8 】

札幌・小樽小伴旅

作者／MAPPLE 昭文社編輯部
翻譯／許懷文
校對／藍雯威
發行人／周元白
製版印刷／長城製版印刷股份有限公司
出版者／人人出版股份有限公司
地址／23145新北市新店區寶橋路235巷
6弄6號7樓
電話／（02）2918-3366 （代表號）
傳真／（02）2914-0000
網址／www.jjp.com.tw
郵政劃撥帳號／
16402311人人出版股份有限公司

經銷商
聯合發行股份有限公司
電話／（02）2917-8022

第一版第一刷／2013年12月
定價／新台幣280元

co-Trip SAPPORO OTARU ことりっぷ 札幌・小樽
ニセコ・旭山動物園
Copyright © Shobunsha Publications, Inc. 2013
All rights reserved.
First original Japanese edition published by
Shobunsha Publications, Inc. Japan
Chinese（in traditional characters only）
translation rights arranged with Jen Jen
Publishing Co., Ltd.
through CREEK & RIVER Co., Ltd.

●本書提供的，是2013年8月～9月的資訊。由於資訊
可能有所變更，要利用時請務必先行確認，因日本調高
消費稅，各項金額可能有所變更。此外，因為本書中提
供的內容而產生糾紛和損失時，本公司礙難賠償，敬請
事先理解後使用本書。
●電話號碼提供的都是各設施的詢問電話，因此可能會
出現非當地號碼的情況。因此使用衛星導航等設備查詢
地圖時，可能會出現和實際不同的位置，敬請注意。
●各種費用部分，入場券部分的標示以大人的票價為基
準。
●開館時間、營業時間，以到停止入館的時間之間，或
是到最後點餐時間之間為基準。
●不營業的日期，只標示公休日，不包含臨時停業和盂
蘭盆節和過年期間的休假。
●住宿費用的標示，是淡季平日2人1房入宿時的1人份
費用。但是部分飯店，也可能房間為單位來標示。
◎交通標示出來的是主要交通工具的參考所需時間。

●この本に掲載されている地図の作成に当たっては、国
土地理院長の承認を得て、同院発行の1万分の1地形
図 2万5千分の1地形図 5万分の1地形図 20万
分の1地勢図 50万分の1 地方図,100万分の1
日本を使用した。（承認番号 平25情使、 第
6-153760号 平25情使、第7-153760号 平25
情使、第8-153760号 平25情使、第9-153760
号 平25情使、第10-153760号）
●この本に掲載された地図のシェーディング作成に当た
っては、「地形モデル作成方法」（特許 第2623449号）
を使用しました。

● 著作權所有 翻印必究 ●

國家圖書館出版品預行編目(CIP)資料

札幌.小樽小伴旅：二世古.旭山動物園
/ MAPPLE昭文社編輯部作；
許懷文翻譯. -- 第一版.
-- 新北市：人人, 2013.12
面；　公分. -- (co-Trip日本系列；8)
譯自：札幌.小樽：ニセコ.旭山動物園
ISBN 978-986-5903-35-0(平裝)
1.旅遊 2.日本北海道
731.7909　　　　　　102022436